성공하는 소그룹 리더의

8가지 습관

데이브 얼리 지음 | 유정희 옮김

8 HABITS OF EFFECTIVE SMALL GROUP LEADERS
Copyright ⓒ 2001 by Dave Earley
All rights reserved.
Translated and Distributed in 2010 by NCD Publishers

성공하는 소그룹 리더의 **8가지 습관**

초판 1쇄 펴낸 날 ▎2010년 7월 31일
초판 6쇄 펴낸 날 ▎2017년 1월 17일

지은이 ▎데이브 얼리
옮긴이 ▎유정희

펴낸이 ▎우수명
펴낸곳 ▎도서출판 NCD
등록번호 ▎제129-81-80357호
등록일자 ▎2005년 1월 12일
등록처 ▎경기도 고양시 일산구 장항동 578-16 나동

ISBN 978-89-5788-141-5

도서출판 NCD
주소 ▎서울시 강남구 역삼1동 641-17 한라빌딩 4층
주문 ▎영업부 ▎(일산) 031-905-0434, 0436 팩스 031-905-7092
본사 ▎편집부 ▎(강남) 02-538-0409, 3959 팩스 02-566-7754
한국 NCD 지원·코칭 ▎02-566-7752 팩스 02-566-7754
NCD몰 ▎www.ncdmall.com

• 책값은 뒤표지에 있습니다.
• 본문에 인용된 성경구절은 개역 개정판을 따랐습니다.
• 잘못된 책은 구입하신 서점에서 교환해 드립니다.
• 책 내용에 대한 문의나 출간을 의뢰하는 원고는 editor@asiacoach.co.kr로 메일을 보내주십시오.

종이 씨그마페이퍼 **출력** 대산아트컴 **인쇄** 보광문화사 **제책** 국일문화사

성공하는 소그룹 리더의

8가지 습관

데이브 얼리 **지음** | 유정희 **옮김**

8 Habits of Effective
Small Group Leaders

도서출판 NCD

● "결론은 이렇다. 만일 당신이 소그룹 리더로서 데이브 얼리의 8가지 습관을 실천한다면 당신의 그룹을 성공적으로 이끌며 번식시킬 것이다. 목회자로서 당신의 소그룹 리더들에게 이 습관들을 훈련시킨다면, 소그룹 조직을 통해 교인들을 가르치고 돌보면서 교회가 잃어버린 사람들을 구원하는 일에 성과를 거둘 것이다. 데이브 얼리는 성실한 소그룹 리더라면 누구나 마스터할 수 있도록 그것을 작게 나눠 놓았다. 책이 나오는 즉시 첫 100부에 저자 사인을 받고 싶다. 우리 그룹 리더들 모두에게 반복해서 읽히고 싶은 책이다."

제이 파이어바하(Jay Firebaugh), Clearpoint Church in Houston, TX 담임목사

● "정말 탁월한 책이다! 실제적이고 입증된 단계들, 실용적인 방법들, 용기를 북돋워 주는 내용들이 담긴 이 책은 소그룹과 관련이 있는 사람이라면 누구나 읽어야 할 필독서다. 데이브 얼리는 성공하는 소그룹 리더가 되기 위해 필요한 것의 핵심을 공략하는 일을 훌륭하게 해냈다!"

카렌 허스턴(Karen Hurston), 작가, Hurston Ministries 대표

● "이 책 속에 담긴 강력한 교훈들을 무시하지 말라. 이 습관들을 실천하면 당신의 소그룹에 불을 붙이고 당신의 사역에 혁명을 일으킬 것이다. 각 장마다 오늘 당신이 끄집어내서 사용할 수 있는 실제적 통찰들이 담긴 보물 상자가 있다."

랄프 네이버(Dr. Ralph W. Neighbour, Jr.),
작가, TOUCH® Outreach Ministries 창립자

● "얼리의 책은 영적으로 성장하기를 갈망하며 자신이 이끄는 그룹의 성장을 위해 계획을 세워야 하는 그룹 리더들이 꼭 읽어야 할 책이다. 읽기 쉬운 이 책은 실제적이고, 깊이가 있으며, 매우 타당하다. 자신의 소그룹 사역이 성장하는 것을 경험한 많

은 독자들이 8가지 습관들을 대부분 인정할 것이다. 얼리는 8가지 습관들을 한데 모아 명쾌하고 재미있으며 매우 읽기 쉬운 책으로 만들어 냈다."

미켈 뉴만(Mikel Neumann),
《도시 문화를 위한 가정 그룹》(Home Groups for Urban Cultures)의 저자

● "당신이 소그룹 리더로서 성공하기 원하고, 그 목표를 달성하기 위해 필요한 모든 것들을 완전히 알고 싶다면, 바로 이 책을 읽으면 된다. 이 책은 매우 철저하고 실제적이며 다년간의 경험이 집약된 결과물이다."

마이크 쉐퍼드(Mike Shepherd)
Small Group Development Serendipity House, Inc. 내셔널 디렉터

● "내가 가장 자주 받는 질문은 '어떻게 그룹의 일과 리더십을 바쁜 스케줄에 포함시킬 수 있을까요?'라는 것이다. 이 책을 읽기 전에는 이것이 매우 어려운 질문이었으나 지금은 8가지 중요한 제안들을 해 줄 수 있으니 데이브 얼리에게 감사할 따름이다."

랜들 네이버(Randall Neighbour), 작가, TOUCH® Outreach Ministries 회장

● "데이브 얼리는 이 책 《성공하는 소그룹 리더의 8가지 습관》으로 핵심을 찌른다. 이 책은 소그룹 리더들이 쉽게 따라 할 수 있는 형식으로, 구체적인 행동 단계들을 제시해 줌으로써 그들 안의 '잠자는 거인들'을 깨우도록 도와줄 것이다. 내 경험에 의하면 이 습관들을 꾸준히 실천할 때마다 성장과 수적 증가의 역사가 일어나는 것을 보아 왔다. 정말 놀랍다!"

빌리 혼스비(Billy Hornsby), 작가, Association of Related Churches 대표

여럿이 함께하면 더 많은 것을 이룰 수 있다. 이 책은 많은 이들의 도움으로 탄생한 작품이다. 우선 너무나도 큰 힘이 되어 준 아내 캐시에게 고마움을 전하고 싶다. 그녀는 이 원고를 손질해 주었을 뿐 아니라 언제나 나를 지지하고 이해해 주었다. 훌륭한 조언을 주었을 뿐 아니라 이 책에 대해 나만큼 열정을 가졌던 편집자 스코트 보렌(Scott Boren)에게도 감사하다.

조엘 코미스키(Joel Comiskey)의 연구와 저서들은 소그룹 사역에 대한 나의 이해를 새로운 차원으로 끌어올려 주었다. 성장하는 셀 중심 교회의 담임목사로서 훌륭한 본이 되어 준 래리 스톡스틸(Larry Stockstill)에게도 감사하다.

또 내가 수년 동안 실험 대상으로 삼았던 많은 소그룹들과 소그룹 리더들에게도 감사를 전한다. CHS에서 내가 첫 소그룹을 인도하도록 격려해 준 리 시몬스(Lee Simmons)와 그 일을 하게 해 준 로

이 로즈(Roy Rhoades)에게도 감사한다. 자신의 더 나은 판단을 유보하고, 나를 리버티 신학교의 소그룹 감독으로 고용한 에드 도슨(Ed Dodson)에게 감사한다. 부모님의 기도에도 감사한다.

격려와 조언을 아끼지 않고 본을 보이며 건설적인 비판을 해 준 뉴 라이프 교회(New Life)의 전 직원들에게도 감사를 전한다. 사랑하는 동역자들과의 관계에 접착제 역할을 해 준 수잔 치텀(Susan Chittum)에게 특별히 감사하며, 스티브 베닝거(Steve Benninger), 로드 뎀프시(Rod Dempsey), 브라이언 로버트슨(Brian Robertson) 삼인방에게도 특별한 감사를 전한다. 그들이 없다면 나는 무익한 사람일 것이다.

Part 01 성공하는 소그룹 리더의
8가지 습관 ● 18

성공하는 소그룹 리더의 8가지 습관
CONTENTS

데이브 얼리를 처음 만난 건 20년 전, 그가 리버티 대학교에 재학 중일 때였다. 그는 오하이오주 그레이터 콜럼버스에 교회를 세우겠다는 비전을 품고 있었다. 그 본래의 비전은 결코 흔들린 적이 없었고, 지금은 거의 성취되었다. 오늘날 오하이오주 콜럼버스에는 아름다운 교회가 하나 있다. 그러나 그의 비전은 거기서 멈추지 않았다. 한 교회를 세우겠다는 본래의 비전은 향후 20년 안에 그 지역에 20개의 지교회를 더 세우겠다는 20/20 비전으로 바뀌었다. 나는 그가 꼭 그 비전을 이룰 거라고 믿는다. 지금부터 그 이유를 말해 보겠다.

1985년, 데이브 얼리가 리버티 대학교를 졸업할 당시 나는 우리 졸업생들 중에 데이브가 미국에서 가장 큰 교회를 세우고 성장시킬 거라고 공개적으로 예견했다. 어떤 이들은 설교를 힘 있게 하거나 기금 조성을 잘하는 이들이 더 큰 교회를 세울 거라고 생각했을지도 모른다. 그러나 나는 나의 예견을 믿었다. 데이브는 개인 생활에서, 재정 관리 부분에서, 또 베이비붐 세대의 전도에 대해서 훈련이 잘 되어 있었기 때문이다(실제로 데이브가 콜럼버스에서 가정 모임을 시작할 때 젊은 가정들에게 쉽게 다가가 전도할 수 있었다).

오늘날 그 교회는 출석 인원이 2,000명이고, 매주 헌금이 40,000달러가 넘는다. 이 책을 잘 읽고, 당신의 교회도 어떻게 하면 그와 같이 될 수 있는지 배우도록 하라.

우선, 데이브는 팀 사역을 믿는다. 그를 비롯하여 리버티 대학교와 리버티 침례신학교를 졸업한 네 명의 사역자가 그레이터 콜럼버스에 생명력 있는 교회를 짓겠다는 처음의 비전을 이루기 위해 열심히 노력했다. 16년이 지난 후에도 그 팀은 여전히 함께하고 있다. 이것은 기독교 사역에서 전대미문의 일이다. 비록 청소년 담당 목사였던 크리스 브라운(Chris Brown)이 콜럼버스에서 자신의 사역을 시작하려고 떠나기는 했지만, 그도 여전히 본래 팀의 일원이며 그들의 20/20 비전에 함께하고 있다. 크리스 브라운이 전도했던 고등학생 매튜 치텀(Matthew Chittum)은 리버티 대학교를 졸업하고 지금은 그레이터 콜럼버스 지역에 교회를 개척하고 있다. 데이브의 팀은 비전을 가지고 순조로운 출발을 했고, 20/20 비전으로 이미 두 개의 교회가 설립되었다.

데이브 얼리가 이 책에서 설명하는 소그룹 개념은 이론적인 것이 아니다. 그는 1985년에 졸업하고 콜럼버스로 가자마자 자기 집에서 교회의 첫 번째 소그룹을 시작했다. 그는 소그룹 사역에 있어 당신에게 하라고 제안하는 모든 일들을 다 했다.

뉴 라이프 교회는 소그룹을 통해 성장했다. 소그룹을 통해 교회에 나온 사람들도 있고 공예배에 나온 사람들도 있었으며, 무엇보다도 그들은 소그룹에 참석함으로써 그 교회에 '결속'되었다.

이 책의 다른 부분은 읽지 않더라도 8장 '개인적인 성장에 전념하라'는 부분은 반드시 읽고 적용하기 바란다. 데이브는 자기가 그리스도 안에서 개인적으로 어떻게 성장했는지 이야기하며 당신이 따를 수 있는 개인 성장 계획을 상세히 설명해 준다. 얼마나 멋진가!

마지막으로 이 책에 대해 말하고 싶은 것은 아주 훌륭하게 쓰여졌다는 것이다. 나는 데이브가 모든 일을 할 때 전념하여 최선을 다한다는 것을 알기에, 당연히 그럴 거라고 생각했다. 꼭 필요하지 않은 글을 읽으면서 시간을 낭비하는 일 없이, 많은 것을 배우게 될 것이다. 적절하면서도 아주 흥미롭게 잘 쓰여진 글이기 때문에 책에서 더 많은 것을 얻을 수 있을 것이다.

성공하는 소그룹 리더들의 8가지 습관을 배우며 즐거운 시간을 갖기 바란다.

그리스도 안에서 진심을 담아,

엘머 타운스(Elmer L. Towns)

버지니아 린치버그 리버티 대학교 기독교학부 학장

왜 어떤 소그룹들은 성장하고 배가하는데 다른 소그룹들은 그렇지 못한가? 그룹이 성장하고 배가하는 확률을 높이기 위해 소그룹 리더가 실천할 수 있는 활동들이 있을까? 만일 있다면, 이 활동들은 보통의 소그룹 리더가 활용할 수 없는 것들일까? 그것들을 마스터하려면 수년간의 훈련 기간이 필요할까? 아니면 성장과 배가를 원하는 소그룹 리더라면 누구나 주간 스케줄에 집어넣을 수 있을 만큼 활용이 가능하고 현실적인 활동들일까?

나는 이 질문들에 대한 답을 갖고 있다고 생각한다. 나는 25년 동안 소그룹 인도 및 소그룹 리더들을 코치하는 특권을 누려 왔다. 처음 시작은 16살 때 고등학교에서 몇몇 친구들과 함께 점심 시간에 성경공부를 시작한 것이었다. 이 모임은 '뜻하지 않게' 성장했고 배가했다. 대학에서는 제자훈련 그룹을 시작했는데, 그것이 캠퍼스 전체에 퍼졌다. 여름 동안에는 영국의 작은 마을과 뉴욕의 고층 건물들에서 소그룹을 시작했다. 졸업 후에는 버지니아의 시골에서 그룹 모임을 시작했다. 그때 나는 대형 기독교 대학에서 300명의 소그룹 리더들을 훈련시키고, 그들을 위한 커리큘럼을 짜고, 감독하는 일을 하게 되었다. 나중에는 우리 집 지하실에서 그룹 모임을 시작했는데, 그것이 100개 이상의 그룹을 가진 교회로 성장하기에 이르렀다.

이 여러 그룹들 가운데 어떤 그룹들은 성장하고 배가했다. 그러나 그렇지 않은 그룹들도 있다. 그 몇 년 동안 나는 리더들의 장기적인 능력이 그룹 모임 밖에서 실천하는 단순한 습관들을 중심으로 형성된다는 것을 알게 되었다.

많은 리더들이 진심으로 그들의 그룹을 성장시키고 배가시키기 원하지만, 어떻게 해야 할지 확신이 없다. 그들은 멤버들의 마음을 열기에 더 나은 방법을 찾거나 더 좋은 토의 질문을 하기 위해 노력한다. 이런 것들도 중요하지만, 소그룹을 성장시키고 배가시키는 진짜 열쇠는 8가지 개인적인 습관을 실천하는 데 있다.

몇 년 전에 내가 코치하는 리더들에게 정말로 탁월해지기 위해 필요한 것이 무엇인지를 정확히 보여 주고 싶었다. 소그룹 사역을 연구하면서 나의 경험을 통해 생각해 본 결과 유능함과 무능함의 차이를 결정짓는 것처럼 보이는 8가지 규칙적인 습관들을 찾아냈다. 나는 소그룹 리더의 능력을 향상시키는 8가지 습관들을 간단히 나열해 보았다.

먼저 내가 코치하는 리더들에게 이 습관들을 채택하여 그들의 주간 스케줄에 넣을 것을 요구했다. 이 습관들을 활용한 이들은 예외 없이 매우 유능한 리더들이 되어 자신들의 그룹을 성장시키고 배가시켰다. 그렇지 않은 리더들은 그 일을 해내지 못했다. 특히 재미있는 것은 은사, 성격, 경험은 8가지 습관에 전념하는 것만큼 중요하지 않다는 것이었다. 가르침의 은사가 없거나 신앙생활을 오래 하지 않은 리더들도 8가지 습관들을 따르니 유능해졌다. 성격이 조용하거나 전에 모임을 인도해 본 적이 없는 리더들도 8가지 습관들을 실천하니 자신들의 그룹을 성장시키고 배가시켜 갔다. 바로 8가지 습관이 변화를 가져온 것이다.

수년간 이 습관들을 가르친 결과, 나는 몇 가지 결론을 얻었다.

1. 8가지 습관은 효과가 있다. 성공하는 소그룹 리더의 8가지 습관을 따르는 것이 평범함과 비범함, 정체와 배가의 차이를 만들어 낸다. 이 습관들을 따르면 성장을 일으키고, 미래의 지도자들을 키우며, 하나님이 원하시는 일에 기여하게 될 것이다.

2. 8가지 습관은 일반적인 것들이다. 그것은 모든 문화와 모든 유형의 그룹에 다 적용된다. 어떤 유형의 그룹이나 지도자에게도 효과가 있는 근본적인 원칙들이다. 나이, 인종, 성별, 또는 사회경제적 지위와 상관없이 모든 사람이 활용할 수 있는 것들이다. 도심에서나 농촌에서나 지속될 수 있다. 캠퍼스의 대학생들, 외국에서 생활하는 이들, 미국 교외에 사는 이들 모두에게 적용된다.

어떤 이들은 '소그룹'과 '셀그룹'을 구분하기도 하지만, 이 책에서는 그 용어들을 호환해서 사용한다. 이는 8가지 습관들이 일반적이고 양쪽에 다 적용되기 때문이다.

3. 8가지 습관들은 광범위하게 적용된다. 한 가지 멋진 사실은, 그것들이 본질적으로 소그룹 리더들, 지역 지도자들, 소그룹 목사들을 코치하는 데 똑같이 효과적인 습관들이라는 것이다. 리더가 일단 그 습관들을 받아들이면, 그는 소그룹 리더십의 수준을 향상시키기 위한 기초를 다진 것이다.

4. 이 습관들은 이해하고 기억하기가 쉽다. 나는 멘토들이 8가지 습관들을 설명할 때 소그룹 리더들의 눈이 반짝반짝 빛나는 것을 보았다. 리더들은 고개를 끄덕이며 이렇게 말한다. "네, 알겠습니다. 정말 간단하네요. 그 정도는 기본이지요."

5. 이 습관들의 가장 좋은 특성은 실행 가능하다는 것이다. 어느 리더든지 시간만 투자하면 실천할 수 있다. 소그룹 리더들은 그 습관들에 대한 설명을 들을 때 고개를 끄덕이며 이와 같이 말한다. "바로 제가 찾던 거예요. 이제 분명히 따라야 할 길이 보여요. 이건 할 수 있습니다."

6. 8가지 습관들은 현실적이다. 대부분의 리더들은 그것들을 바쁜 스케줄 속에 끼워 넣을 수 있다. 영적인 거장이 되거나 시간이 무한정 많아야만 실천할 수 있는 어렵고 복잡한 것들이 아니다. 이 8가지 습관들은 모든 소그룹 리더들이 달성할 수 있는 목표다.

7. 8가지 습관들은 동기를 유발한다. 그것들을 배우자마자 리더들은 당장 실행하고 싶은 열정에 불탄다. 8가지 습관들은 도전을 주지만 압도하지는 않는다.

8가지 습관들은 소그룹 리더와 그가 이끄는 사람들을 새로운 차원으로 끌어올려 줄 수 있다. 예비 리더든, 풋내기 소그룹 리더든, 숙련된 리더든, 소그룹 리더들의 코치든, 한 지역의 감독이든, 대규모의 소그룹 사역을 담당하는 목사든 8가지 습관들은 모두 효과가 있을 것이다.

이 습관들은 열매를 많이 맺고 수적으로 배가할 수 있도록 해 준다. 또한 8가지 습관들은 리더들과 그들의 인도를 받는 사람들이 사역에서 더 큰 성취감을 경험할 수 있도록 도와줄 것이다.

성공하는 소그룹 리더의 8가지 습관
1. 건강하고, 성장하며, 배가하는 그룹을 인도하는 꿈을 꾸어라.
2. 매일 멤버들을 위해 기도하라.
3. 매주 새로운 사람들을 모임에 초청하라.
4. 정기적으로 멤버들과 접촉하라.
5. 그룹 모임을 준비하라.
6. 예비 리더의 멘토가 되라.
7. 멤버들 간의 친교 활동을 계획하라.
8. 개인적인 성장에 전념하라.

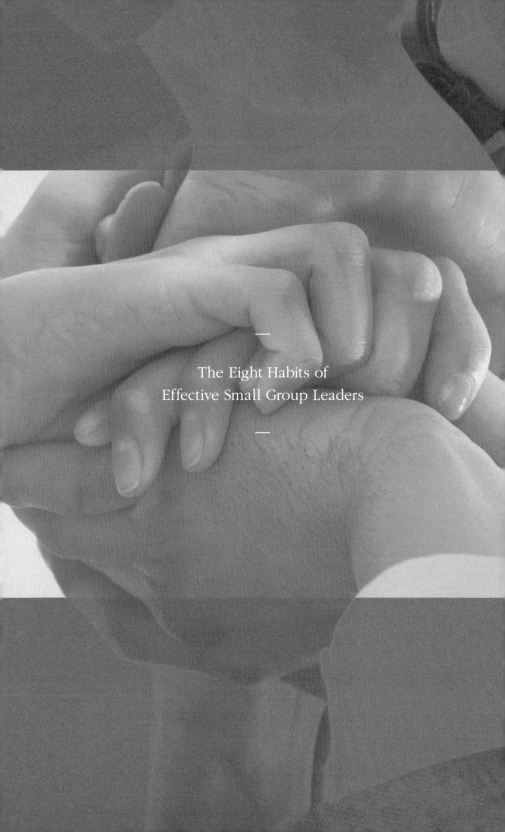

The Eight Habits of
Effective Small Group Leaders

—

성공하는
소그룹 리더의
8가지 습관

—

꿈: 건강하고, 성장하며, 배가하는 그룹을 인도하는 꿈을 꾸어라

두 커플이 똑같이 소그룹 리더 훈련을 받았다. 크리스와 수잔은 건강하고, 성장하며, 배가하는 그룹 안에서 미혼 남녀들을 인도하는 꿈을 가지고 새로운 그룹을 시작했다. 마크와 캐시는 목회자의 부탁으로 기존 그룹을 인수받았으나, 그 그룹에 대한 자신들만의 꿈이 없었다. 처음 6개월 동안 두 커플은 열심히 사람들을 초청하고 접촉했지만 두 그룹 다 작은 규모에 머물러 있었다.

마크와 캐시는 실망했다. 그들은 곧 그 그룹에 대해 가졌던 작은 꿈마저 잃어버리고, 마지못해 그룹의 리더 역할을 해 나가기 시작했다. 그들은 새로운 사람들을 초청하는 일을 그만두었다. 그룹 모임을 준비하는 시간도 많지 않았다. 교제 활동들도 그만두었다. 꿈은 사라졌다. 그 결과 그들의 소그룹은 계속 축소되어 갔다. 1년 만에 그 그룹은 죽어 버렸고, 그들은 그 교회를 떠났다.

크리스와 수잔은 그들의 꿈을 놓치지 않았다. 그들은 또한 그들의 꿈에 도움이 되는 다른 습관들을 적용하기 위해 열심히 노력했다. 마침내 그들의 노력에 성과가 보이기 시작했다. 1년 만에 그들의 그룹은 날아올랐다. 성장을 계속했고, 결국 배가했다. 꿈이 그런 차이를 만들어 낸 것이다. 성공하는 소그룹 리더의 첫 번째 습관은 바로 건강하고, 성장하며, 배가하는 그룹을 인도하는 꿈을 가지는 것이다.

성공하는 소그룹 리더의 첫 번째 습관
건강하고, 성장하며, 배가하는 그룹을 인도하는 꿈을 꾸어라.

꿈의 가치

| 꿈은 잠재력을 높인다 |

대부분의 소그룹과 소그룹 리더들은 잠자는 거인들이다. 사탄은 그들이 계속 그렇게 살기를 원한다. 그래서 소그룹 리더들에게 그들이 할 수 없는 일에 대해 계속 거짓말을 속삭인다. 소그룹 리더들이 자신과 자신의 그룹에 대해 꿈을 가질 때 사탄은 패배한다. 하나님 나라를 위해 변화를 일으키는 그들의 능력이 즉시 자라나기 때문이다.

성공하는 소그룹들은 어마어마한 잠재력을 갖고 있다. 뉴 라이프 교회는 우리 집 지하실에서 하나의 소그룹 모임으로 시작되었다. 그것이 지금은 100개 이상의 소그룹을 가진 교회로 성장하였다. 감리교회의 기원은 옥스퍼드 대학에서 열린 소그룹에서 시작되었는데 오늘날은 신도 수가 1,100만 명이 넘는다.

10년 동안 매년 한 소그룹 리더가 자신의 그룹을 배가시켜 또 하나의 번식하는 그룹을 만들어 낸다면 그 결과는 어마어마할 것이다. 1년 후에는 1개 그룹이 2개가 된다. 2년 후에는 2개가 4개가 된다. 3년 후에는 4개에서 8개가 된다. 그리고 8개 그룹이 16으로, 16개가 32개로, 6년 후에는 32개가 64개의 그룹이 되는 것이다! 해마다 그렇게 배가한다면, 64개 그룹이 128개가 되고, 128개가 256개가 되고, 256개가 512개가 되고, 10년 후에는 512개의 그룹이 무려 1,024개가 된다. 10년 만에 1,000개가 넘는 그룹이 만들어지는 것이다! 이것이 하나의 소그룹으로 인해 생길 수 있는 결과다!

성공하는 소그룹 리더들은 아직 미개발된 지역 교회의 잠재력들이다. 그들은 배가하여 많은 사람들을 전도할 수 있을 뿐만 아니라, 상처받은 이들을 위한 영적인 병원이 될 수 있고, 영적 성장을 위한 온실도 될 수 있다. 리더들의 번식지가 될 수 있고, 영적 전쟁을 위한 발판이 될 수도 있다. 사람들에게 소속감을 줄 수 있다. 성공하는 소그룹들은 복음 전도 팀들을 만들어 낼 수도 있다. 그러나 꿈이 없으면 이런 잠재력들이 발휘되지 못하는 경우가 많다.

한 사람의 잠재력은 그가 추구하는 목표들을 보면 알 수 있다고 한다. 자신의 잠재력을 조금이라도 실현하는 사람은 소수에 불과하다. 꿈은 소그룹 리더가 자신의 어마어마한 잠재력을 발휘하여 하나님을 위한 변화를 일으키는 데 도움이 된다.

건강하고, 성장하며, 배가하는 그룹을 인도하는 꿈을 꾸어라. 당신의 그룹이 해마다 배가하도록 인도하는 꿈을 꾸어라. 하나님이 당신의 소그룹을 사용하여 큰 변화를 일으키실 수 있다는 것을 믿어라.

| 꿈은 성취를 도와준다 |

나는 몇 년 전에 한 그룹을 인도하기 시작했다. 나는 그 그룹에 대한 꿈을 가진 적이 없었다. 단지 어떤 사람이 나에게 부탁했기 때문에 모임을 시작했고, 단순히 의무감에서 그 일을 했다. 그것은 몇 사람이 매주 모여 성경공부를 하는 모임에 불과했다. 그 그룹은 자리를 잡지 못했고 성장하지도 않았다. 1년 만에 조용히 사라져 버렸다.

한편, 나는 작년에 한 그룹을 인도하기 시작했는데, 1년 안에 그 그룹을 성장시키고 배가시키겠다는 꿈을 갖고 모임을 시작했다. 성공하는 소그룹 리더들의 습관을 실천했다. 9달 만에 그 그룹은 성장하여 4개의 그룹으로 배가했다. 차이점은, 꿈을 가진 것이었다. 그 꿈이 내게 동기부여가 되었던 것이다.

꿈은 성취를 도와준다. 나의 삶 속에는 꿈이 없었더라면 이루지 못했을 좋은 일들이 많이 있다. 처음에 그것에 대한 꿈을 꾸지 않았더라면 누군가를 그리스도께 인도하거나, 성경을 통독하거나, 교회를 세우지 않았을 것이다. 그리고 성장시키고 배가시키겠다는 꿈이 없이 시작한 그룹은 결코 성장하거나 배가하지 못했을 것이다.

| 꿈은 방향에 집중하고 에너지를 공급한다 |

우리 아들들은 몇 년 동안 각종 스포츠를 즐겼다. 나는 그 아이들을 지켜보고 심판하고 잘못을 지적함으로써 코치하는 법을 배웠다. 여러 스포츠 종목에서 그들의 코치 역할을 했는데, 유독 축구만은 그렇지 못했다. 불행히도 나는 축구 경기를 해 본 적이 없었고, 지금도 경기의 상세한 부분들을 이해하기가 힘들다.

막내아들 루크가 5살 때 어느 팀에 들어갔는데, 그 팀의 코치는 축구는 잘 알지만 코칭이나 어린아이들에 대해선 잘 모르는 사람이었다. 그 팀은 시즌 초반부에 굉장히 힘들었다.

지독히 더운 어느 날, 그 팀은 야외 운동장에서 훈련을 했다. 처음 15분 동안 아이들은 그냥 운동장을 돌면서 버릇없는 행동을 하거나 뜨거운 날씨에 대해 불평을 했다. 코치는 마침 휴대폰으로 걸려 온 전화 한 통을 받더니 잠시 자리를 비워야 했다. 그는 주위를 둘러보다가 바깥쪽에 서 있는 나를 보더니 자기가 없는 동안 잠깐만 아이들을 봐 달라고 부탁했다.

내가 제일 먼저 한 일은 원뿔형의 도로 표지 두 개를 가지고 골대를 만든 것이었다. 그 다음 아이들을 두 팀으로 나누어서 골대에 공을 넣어 보라고 도전했다. 공을 차서 골대에 넣어 득점을 할 수 있는지 보라고 했다. 30분 뒤 코치가 돌아왔다. 그는 아이들이 함께, 열심히, 그것도 아주 재미있게 연습하고 있는 것을 보고 깜짝 놀랐다. 그가 내 팔을 잡더니 물었다. "도대체 어떻게 한 겁니까?"

나는 이렇게 대답했다. "골이요. 아이들한텐 목표가 필요했던 겁니다."

목표가 없으면 초점을 잃고, 에너지를 공급하지 못하며, 장애물에 의해 방해를 받는다. 목표는 꿈을 더 크게 키워 준다. 성공하는 소그룹 리더들은 큰 꿈을 구체적이고, 단순하며, 실현 가능하고, 도전적인 목표들로 나눈다. 그들은 기도(2장), 새로운 사람들 초청하기(3장), 멤버들과 접촉하기(4장), 예비 리더 멘토링하기(6장), 친교활동 갖기(7장), 개인적으로 성장하기(8장) 같은 습관들을 위해 목표를 세운다. 그리고 이 습관들이 그들의 주간 계획표에 들어가도록 계획을 세운다(9장). 그들은 또한 참석 인원과 배가에 대한 목표를 세운다. 마지막으로 그 목표들에 도달하여 자신의 꿈을 이루기 위해 노력을 쏟아붓는다.

| 꿈은 그룹의 가치를 높인다 |

꿈은 모든 것을 넓게 보도록 해 준다. 힘든 업무나 일상적인 일, 별로 보람 없는 일들도 궁극적으로 꿈의 성취에 기여하리라는 것을 알면 더 큰 가치를 느끼게 된다.

성공하는 소그룹 리더들은 단순히 '한 그룹'을 인도하는 것이 아니다. 그들은 리더들을 세워 세계를 향해 뻗어 가도록 한다. 그리스도의 몸인 그 지체들을 섬기도록 돕는다. 영적인 가족을 만들고 영적 군대를 세운다. 소그룹 리더들이 이 꿈을 이해할 때, 그들은 즉시 그룹의 가치를 끌어올린다.

꿈을 통해 그룹의 가치가 올라갈 때 리더는 변화된다. 건강한 그룹에 대한 꿈은 리더를 동기부여하여 지체들을 위해 기도하게 하며 그룹 모임을 준비하게 한다. 성장하는 그룹에 대한 꿈은 리더를 감화시켜 사람들을 만나고 초청하게 한다. 배가에 대한 꿈은 리더를 고무시켜 다가오는 미래의 리더들을 멘토링하는 데 시간을 투자하게 한다.

리더가 건강과 성장과 배가에 대한 꿈을 나눌 때 그 꿈은 사람들을 변화시킨다. 일단 그들이 그 꿈을 품으면 그룹을 위해 기도하게 될 것이다. 모임에 빠지고 싶은 마음이 들지 않을 것이다. 다른 사람들을 초청할 것이다. 더욱 서로를 돌아보고, 나누고, 감사하게 될 것이다.

| 꿈은 미래를 긍정적으로 내다본다 |

하버드 대학 졸업생들을 연구한 결과, 미래를 긍정적으로 내다보며 자신의 꿈을 기록해 놓는 것이 매우 효과가 있다는 사실이 드러났다. 졸업한 지 40년이 지난 후, 연구자들은 그 학급의 5%가 나머지 95%를 합한 것보다 더 많은 일들을 성취했다는 것을 발견했다. 이 5%에게는 한 가지 공통점이 있었는데, 대학에 다니는 동안 자신들의 목표를 글로 기록해 두었다는 것이다. 나머지 95%도 공통점이 있었다. 바로 목표를 글로 쓰지 않았다는 점이다.

조엘 코미스키(Joel Comiskey)도 세계의 가장 유력한 소그룹 중심 교회들과 리더들을 조사한 결과 미래를 예언하는 꿈의 위력을 발견했다. 그는 이렇게 말한다.

자신의 목표를 알고 있는, 즉 자신의 그룹이 언제 또 다른 그룹을 낳을지 알고 있는 셀 리더들은 그것을 모르는 리더들보다 꾸준히 그룹을 배가시키는 경우가 더 많다. 사실 셀 구성원들이 명확히 기억할 수 있는 목표들을 셀 리더가 세우지 못한다면, 그는 자신의 셀을 배가시킬 확률이 반반이다. 그러나 리더가 목표를 분명히 정하면 배가할

확률이 75% 정도로 높아진다.[1]

| 꿈은 리더들이 계속해서 전진하도록 동기를 부여한다 |

> **성공하는 소그룹 리더들은 자신의 그룹에 대한 꿈이 있다.** 건강하게 성장하고, 수적으로 증가하며, 여러 그룹으로 번식하는 것이다.

소그룹을 인도하다 보면 좌절하는 일도 생긴다. 사람들이 오겠다고 약속해 놓고 나타나지 않는다. 그룹의 리더십을 맡기 몇 주 전에 상위 리더에 의해 예비 리더가 바뀌기도 하는데, 이것도 배가하는 데 큰 장애물이 된다. 사람들이 언제나 사이좋게 잘 지내지 않는다. 꿈은 리더가 장애물에도 불구하고 계속 앞으로 전진하도록 도와준다.

장애물은 '당신이 목표에서 눈을 뗄 때 보이는 무시무시한 것들'로 묘사할 수 있다. 꿈이 있는 리더는 장애물과 좌절에도 불구하고 계속 나아갈 것이다. 성공하는 소그룹 리더들은 장기적인 목표가 있어야 단기적인 실패들로 인해 좌절하지 않는다는 것을 알고 있다. 모든 리더와 모든 그룹은 좌절을 겪게 마련이다. 그러나 유능한 리더들은 거기서 멈추지 않는다. 그들은 늘 동기부여되어 있다. 꿈이 있기에 계속해서 나아갈 수 있다.

성공하는 소그룹의 3가지 꿈

성공하는 소그룹들은 3가지 도달 가능한 꿈들을 좇는다. 성공하는 소그룹 리더는 자신의 그룹이 질적으로 성장하고 수적으로 증가하며 여러 그룹으로 배가하는 꿈을 갖고 있다. 3가지 모두 매우 중요하다.

| 건강한 그룹 |

성공하는 그룹은 건강한 그룹이다. 그룹의 건강에는 여러 요소들이 포함된다. 가장 명백한 것은 주목할 만한 하나님의 임재다. 사람들이 모임에 참석하는 이유는 친구들 때문이 아니라 하나님이 거기 계시기 때문이다.

하나님이 계실 때 많은 선한 일들이 일어난다. 사람들은 진심으로 서로를 돌아본다. 게스트들을 초청하고 환영한다. 하나님을 뜨겁게 예배한다. 하나님의 말씀에 갈급해 하며 그것을 자신의 삶에 적용하고 싶어한다. 각 지체들은 사랑받고 인정받는다고 느낀다. 관계들이 성장한다. 영적 성장이 이루어지고 삶이 변화된다.

소그룹의 건강을 방해하는 요소들

• 교만 – 야고보서 4장 6절은 하나님이 교만한 자를 '물리치신다' 또는 '막으신다'고 말한다. 이사야 57장 15절은 하나님이 '통회하

고 마음이 겸손한 자'와 함께 계신다고 말한다. 교만 때문에 하나님을 멀리하지 않도록 하라. 하나님께 감사하며 의존하는 겸손한 마음을 기름으로써 하나님의 임재를 구하라.

• 죄−시편 66편 18절은 죄가 있으면 하나님이 우리의 말을 듣지 않으신다고 말한다. 멤버들이나 리더들의 삶 속에 있는 죄가 그 그룹 안에서 하나님의 임재를 제한할 것이다. 리더들은 죄를 자백하고 멤버들도 그와 같이 하도록 가르침으로써 하나님의 임재를 기꺼이 맞이해야 한다.

• 해결되지 않은 갈등−마태복음 5장 23~24절은 해결되지 않은 갈등이 하나님께 나아가는 것을 방해한다고 말한다. 사람들이 성경적으로, 개인적으로, 또 효과적으로 갈등을 해결하도록 도우라. 그래야 그 그룹이 하나님을 예배하는 데 방해가 되지 않는다.

그룹이 모임을 갖는 동안 진실한 찬양과 경배로 하나님의 임재를 맞이한다. 모임 전에 리더가 드리는 진실한 기도와 금식만큼 그룹을 건강하게 만드는 것이 없다(2장 '기도'를 참고하라).

| 수적으로 성장하는 그룹 |

성공하는 그룹은 수적으로 증가한다. 살아 있고 건강한 세포들은 성장하는 것이 자연의 법칙이다. 성장하는 그룹은 멤버들이 신실함을 유지할 때 출석 인원이 늘어나고, 참석하지 않던 그리스도인들이 그룹에 들어오고, 잃어버린 자들이 그리스도께 돌아오는 것을 보게 된다.

성장을 방해하는 요소들

• 제한된 물리적 공간-내가 제일 좋아하는 목사, 엘머 타운스 (Elmer Towns)는 종종 이런 말을 했다. "17온스의 콜라를 16온스의 병에 담을 순 없다." 물리적 공간이 그룹의 성장과 크기를 제한한다는 뜻이다. 어떤 그룹들은 더 넓은 장소에서 모임을 가짐으로써 이 장애물을 극복한다. 아이들이 있는 사람들은 독립된 방에서 모임을 갖는다. 때로는 남자와 여자를 나누어 모임을 갖기도 한다. 물론 성장하는 그룹들은 결국 두 그룹으로 배가함으로써 공간 문제를 해결하게 된다.

• 영적 생명의 결여-대개 사람들은 시체보관소에 잘 가지 않는다. 사람들은 죽음이 아닌 삶에 이끌린다. 영적인 생명과 건강을 경험하지 못한 그룹은 성장하지 않을 것이다. 멤버들이 게스트를 초청하지도 않을 것이다. 한 번 방문했던 자들도 다시 오지 않을 것이다. 사람들이 발길을 끊을 것이다.

• 전도하려는 노력의 결여-새로운 사람들은 '그냥' 나타나지 않는다. 그들은 초대를 받아야 온다. 성장하는 그룹은 아직 그 그룹에 들어오지 않은 사람들을 위해 기도하는 시간을 매주 갖는다. 그들을 전도하기 위한 가장 좋은 방법들을 생각해 낸다. 그들을 그룹에 연결시키기 위한 활동들을 계획하고, 그들을 초청하도록 서로 격려

한다(3장 '초청'을 참고하라).

• 멤버들과 연락을 꾸준히 하지 않음 – 멤버들이 모임에 빠진다. 사람들이 아프다. 늦게까지 직장에 매여 있다. 1~2주 동안 도시를 떠나 있는다. 아이들의 과학 과제를 돕기 위해 집에 있는다. 또 소그룹 모임 사이사이에 아무도 그들에게 연락을 하지 않으면, 한 주 결석이 두 주 결석으로 바뀐다. 두 주가 세 주가 되고, 곧 그들은 더 이상 그 그룹에 속하지 않게 된다. 성장하는 그룹은 정기적으로 모든 지체들과 연락을 하며 항상 결석자들에게 연락을 취하려고 노력한다(4장 '연락'을 참고하라).

• 그룹을 결속시키고 새로운 사람들을 끌어들이기 위한 친목 활동들을 하지 않음 – '일만 하고 놀지 않으면 바보가 된다.' 늘 모임만 갖고 사교적인 활동을 하지 않으면 그 그룹은 따분한 곳이 될 수 있다. 인간은 사교적인 피조물이기에 이따금씩 사교성을 발산하며 즐길 필요가 있다(7장 '친교'를 참고하라).

• 리더가 예비 리더들과 책임을 공유하지 못함 – 리더 혼자서는 할 수 있는 일의 한계가 있다. 그 한계에 도달하면 그룹은 성장을 멈춘다. 리더가 다른 이들과 책임을 함께하지 않는다면(6장 '멘토'를 참고하라).

| 배가하는 그룹 |

성공하는 그룹의 리더는 새로운 리더들과 새로운 그룹들을 생성하는 일을 도울 것이다. 건강한 세포들은 성장할 뿐만 아니라 번식한다.

배가를 방해하는 요소들

• 예비 리더들을 세워 멘토링하지 않음 – 새로운 그룹을 만들려면 새로운 리더가 있어야 한다. 새로운 그룹의 리더가 될 예비 리더들이 없으면 그룹은 배가할 수가 없다. 이미 잉태한 상태가 아니라면 새로운 그룹을 시작하려 하지 말라. 새 생명을 잉태한 그룹은, 새로운 그룹을 이끌어 가려고 준비 중인 예비 리더가 있는 그룹이다.

그러나 예비 리더가 있는 것만으로는 충분치 않다. 그룹의 리더가 예비 리더를 멘토링하여 한 그룹의 리더로 성장할 수 있도록 해야 한다(6장 '멘토'를 참고하라).

• 배가를 위한 계획을 세우지 않음 – 어떤 그룹은 예비 리더가 있지만 배가의 계기가 충분치 않아 보인다. 많은 그룹들이 배가를 위한 계획을 세운 후에 배가하는 데 필요한 계기가 온다는 사실을 발견했다. 이 단순한 계획에는 배가하는 시기와 방법이 포함되어 있다.

지금 바로 소그룹 리더로서 당신의 꿈에 대해 기도하라.

당신의 꿈에 대해 자신의 말로 적어 보라. 그리고 아래의 문장을 사용하여
당신의 꿈을 확증하라.

- 나는 건강하고, 성장하며, 배가하는 소그룹을 인도하는 꿈을 갖고 있다.
- 나는 이 꿈을 실현하는 데 필요한 습관들을 익힐 것이다.
- 하나님의 은혜로 이 꿈을 이루는 데 필요한 습관들을 실천할 것이다.

이 서약서에 사인하고 날짜를 적으라.

이름 :

날짜 :

당신의 꿈을 기록한 글을 정기적으로 읽고, 지속적으로 그것을 위해 기도
하고 배우고 노력하라.

소그룹 리더의 개인적인 꿈

이미 소그룹을 인도하고 있다면, 당신의 그룹을 배가시키기 위한 최선의
전략과 시기에 대한 꿈을 가져라. 그것을 당신의 멘토와 함께 토론하라.
아래에 그것을 적어 보라.

건강하고 성장하며 배가하는 그룹이 되는 꿈을 지속적으로 당신의 멤버들
과 공유할 수 있는 여러 방법들을 계획해 보라.

배가하는 시기와 방법에 대해 멤버들과 정기적으로 함께 나눌 수 있는 여
러 방법들을 계획해 보라.

여러 해 전, 복음전도자 고든(S. D. Gordon)은 "하나님과 사람을 위해 누구나 할 수 있는 가장 위대한 일은 기도하는 것이다"라고 말했다. 소그룹을 인도하고 소그룹 리더들을 코치한 지 25년이 지난 지금, 나는 한 가지 분명한 확신을 얻었다. 기도는 소그룹 리더의 가장 중요한 활동이라는 것이다. 소그룹 리더가 그룹을 더욱 효율적으로 만들기 위해 할 수 있는 일이 딱 한 가지 있다면, 바로 기도일 것이다.

기도는 다른 사람을 섬기고자 하는 마음을 가진 사람에게 아주 매혹적인 수단이다. 그것은 우리가 할 수 있는 가장 단순한 일들 중 하나다. 우리가 해야 할 일은 그저 가만히 앉아서 누군가를 들어올려 하나님의 관심을 받게 하는 것이다. 그러나 우리는 대부분 그것이 다른 사람들을 위해 할 수 있는 가장 힘든 일들 중 하나라는 것을 인정할 것이다. 우리는 매우 바쁘다. 마음이 산란하다. 낙심에 빠져 있기도 하고, 그냥 기도를 충분히 하지 않기도 한다.

성공하는 소그룹 리더들은 다른 사람들을 돕는 사역에서 기도는 타협할 수 없는 수단이라고 여긴다. 그들은 기도라는 효과적인 수단을 자주 그리고 잘 사용한다. 그것을 자신의 매일 스케줄에 포함시키고, 최우선순위로 삼는다. 단지 조금 기도하고 마는 것이 아니라 많이 기도한다.

성공하는 소그룹 리더의 두 번째 습관
매일 멤버들을 위해 기도하라.

유능한 리더들이 멤버들을 위해 매일 기도하는 이유

| 기도는 리더의 가장 중요한 임무다 |

성경이나 역사에 나오는 위대한 영적 리더들 가운데 기도하지 않은 사람은 찾아볼 수 없다. 이것은 오늘날도 마찬가지다. 소그룹 리더들을 조사한 결과, 기도에 들이는 시간과 소그룹 성장 사이의 흥미로운 상관관계가 드러났다. 그것은 매일 경건의 시간을 90분 이상 갖는 리더들이 30분 미만을 갖는 리더들보다 그룹을 배가시키는 경우가 두 배나 많다는 것을 보여 주었다.[1] 기도 시간이 그러한 차이를 가져오는 것이다!

기도는 소그룹 리더로서 해야 할 가장 중요한 임무이다. 여기서 성공하면 다른 습관들에서 성공하기가 훨씬 더 쉬워질 것이다. 그러나 여기서 실패하면 다른 습관들에서 성공하는 것이 거의 불가능하다.

| 기도는 시간을 절약해 준다 |

기도의 가장 큰 장애물은 우리가 하루 일과에 짓눌려 있다는 것이다. 그래서 시간이 충분치 않은 것처럼 보인다. 충분히 기도하지 않는 것에 대한 가장 큰 핑곗거리는 바로 너무 바쁘다는 것이다. 하지만 그런 말은 기도의 본질에 대한 오해를 드러내는 것이다. 우리는 기도가 사실상 시간과 노력을 절약하는 길이라는 것을 모르고 있다.

기도는 우리가 하나님 없이는 몇 달 또는 몇 년을 일해도 달성할 수 없는 일들을 하나님이 단기간에 하시도록 만든다. 우리가 사람들을 가르치고, 권면하고, 조언하고, 꾸짖어도 효과가 거의 없었던 적이 얼마나 많은가? 우리의 믿음을 나누었지만 다른 사람에게 거의 먹혀들어 가지 않는 것처럼 보였을 때가 얼마나 많은가? 그러나 하나님이 움직이시면, 사람들이 단기간에 변화될 수 있도록 도와주신다. 우리가 몇 년 동안 할 수 없었던 일을 말이다. 기도는 아주 효과적인 시간 절약기다. 이것을 이해했다면 "너무 바빠서 기도합니다"라고 말할 줄 알아야 한다.

루터교의 창시자로서 매우 바쁘게 일했던 마르틴 루터는 시간과 노력을 절약하게 해 주는 기도의 능력을 알고 있었다. 한번은 그의 이발사에게 이렇게 말하기도 했다. "저는 아주 바쁜 날이 아니면 보통 하루에 2시간 기도합니다. 바쁜 날은 3시간 기도하고요."

| 기도는 어디에나 이르고 무엇이든 할 수 있다 |

기도는 모든 곳에 미친다. 그룹이 모임을 갖고 있지 않을 때에도 하나님이 사람들의 삶 속에서 일하시게 한다. 당신은 하루 24시간 내내 소그룹 지체들 모두와 만남을 가질 수 없지만 하나님은 하실 수 있다. 당신은 모든 소그룹 멤버와 함께 그들의 집이나 직장까지

갈 수 없지만 하나님은 하실 수 있다. 당신은 동시에 두 곳 이상의 장소에 있을 수 없지만 하나님은 하실 수 있다.

기도는 또한 무엇이든 할 수 있게 한다. 기도는 하나님을 그 상황 속으로 모셔 오는데, 하나님께는 불가능한 일이 없다(렘 32:17). 그는 기도의 결과로 위대한 일들을 행하신다.

나는 교회 지체들이 내게 와서 이렇게 말할 때 큰 기쁨을 느끼곤 한다. "데이브 목사님, 제가 기도해 오던 중에 정말 믿지 못할 일이 일어났어요!" 그러면 나는 항상 웃으며 말한다. "믿을 테니까 말해 보세요."

우리 교회에서는 최근에 8일간의 금식기도를 마쳤다. 그 주간 동안 우리는 하나님이 하나님 크기의 일들을 많이 행하시는 것을 보았다. 여기에는 99세인 친척이 영적으로 거듭난 일, 10년 동안이나 피운 담배를 끊게 된 일, 뜻하지 않은 선물이 우편으로 와서 1000달러의 필요가 채워진 일, 몇몇 사람들이 중요한 급여 인상과 새 직장을 갖게 된 것에 대해 간증한 일 등이 포함된다. 기도는 아주 강력한 활동이다.

| 기도는 모든 것을 더 좋게 만든다 |

생을 마감하면서 "나는 너무 많이 기도했다"고 말할 사람은 아무도 없다. 반대로 많은 사람들이 생을 마치면서 "나는 너무 조금 기도했다"고 말하곤 한다. 소그룹 리더들도 마찬가지다. 한 주간을 돌아보며 "이번 주에는 우리 그룹을 위해 기도하는 데 너무 많은 시간을 보냈다고 생각해"라고 말하는 사람은 없다. 반대로 너무 많은 이들이 한 주간을 돌아보며 "우리 그룹을 위해 기도하는 시간이 너무 적었어"라고 말할 것이다.

기도는 모든 것을 더 좋게 만드는 방법이다. 기도는 당신을 더 사랑스럽고 영적으로 민감한 리더로 만들어 준다. 소그룹 모임이 살아나게 할 수 있다. 소그룹 모임이 신속하고 순조롭게 이루어지도록 준비시켜 준다.

기도는 모임 중에 멤버들에게 활력을 준다. 새로운 사람들을 초청하는 일을 더 효과적으로 하게 해 준다. 예비 리더를 찾고 멘토링하는 것을 더 쉽게 해 준다. 소그룹의 교제에 재미를 더해 준다. 멤버들이 서로 더 가까워지게 해 준다. 기도는 항상 플러스가 된다.

| 기도는 꼭 필요한 통찰력을 준다 |

참된 기도는 말만 하는 것이 아니라 듣기도 한다. 기도는 우리를 하나님과 연결해 주는데, 하나님은 모든 것을 알고 계시는 분이다. 우리가 기도하며 귀를 기울이면, 하나님이 중요한 문제들에 대한 통찰을 주신다. 그래서 갑자기 멤버들의 필요, 장점, 어려움, 잠재력들을 새롭게 깨닫게 된다. 또 예비 리더로 뽑기에 적절한 사람도 분별할 수 있다. 기도는 반드시 필요한 특권이며 책임이다.

사무엘을 포함하여 구약의 제사장들은 백성들을 대신해 하나님

앞에 설 책임이 있었다. 그래서 백성들을 위해 기도하지 않는 것이 죄로 간주되었다(삼상 12:23). 대부분의 목회자들은 개인적으로 기도해야 할 사람들이 너무 많다. 하지만 각각의 소그룹 리더들이 자기 그룹의 사람들을 위해 기도한다면 매우 효과적으로 그 일을 할 수 있게 되는 셈이다.

리더가 자기 멤버들을 위해 매일 기도하지 않는다면 누가 하겠는가? 다른 크리스천들로부터 필요로 하는 것이 아무것도 없는 사람들이라도 기도는 필요하다. 우리는 모두 언제나 기도가 필요하다. 우리의 영적, 정신적, 육체적, 경제적 필요들에 대한 기도가 필요하다. 우리의 결혼생활과 자녀들에 대한 기도가 필요하다. 어떤 결정들에 대한 기도가 필요하다. 우리의 업무에 대한 기도가 필요하다. 당신의 소그룹 멤버들을 위해 기도하고, 그들도 당신을 위해 기도하도록 가르쳐라. 그러면 모두에게 유익이 될 것이다.

우리가 모든 리더들에게 요구하는 것은 그들 아래 있는 사람들을 위해 P.A.C.E.에 헌신하라는 것이다. P.A.C.E.란 매일 기도하기(Pray daily), 곤경에 처했을 때 도움이 되어 주기(be Available in time of need), 정기적으로 연락하기(Contact regularly), 그리고 전진하는 그리스도인의 모범이 되기(Example of a progressing Christian)를 의미한다. 이 중에서 기도가 제일 앞부분에 놓여 있다는 사실을 주목하라.

| 기도는 가장 훌륭한 영적 무기다 |

소그룹을 오래 인도하다 보면 반드시 심각한 영적 싸움에 직면하게 된다. 사탄이 가장 두려워하는 것 두 가지가 기도와 수적 배가다. 둘 다 성공하는 소그룹의 DNA 안에 있는 것들이다. 소그룹은 리더들을 키워 내며 사역자들을 무장시켜 사탄으로부터 땅을 빼앗을 수 있게 해 준다.

리더는 자신과 소그룹을 향한 사탄의 집요한 공격에 패배당하지 않도록 기도해야 한다. 기도하지 않으면 완전히 실패하는 것이다. 사탄은 우리가 그의 왕국을 빼앗도록 가만히 내버려 두지 않을 것이다. 우리가 성장하고 번식하며 복음을 전하고 무장하는 것을 그냥 보고만 있지는 않을 것이다. 모든 일에서 우리와 싸울 것이다.

우리는 땅을 잃어버리지 않도록 기도해야 할 뿐만 아니라 땅을 차지하기 위해서도 기도해야 한다. 우리의 힘으로는 원수를 제압할 수 없으나 우리가 기도하면 능력 안에서 행하게 된다. 무릎을 꿇음으로써 성공적으로 그와 싸울 수 있다. 무릎으로만 앞으로 전진할 수 있다. 오직 하나의 무기만이 그를 막고 밀어낼 수 있는데, 그것은 바로 기도의 무기다. 이것이 우리가 쉬지 말고 기도해야 하는 이유다.

| 우리가 다른 사람들을 위해 기도할 때
하나님이 우리를 축복해 주신다 |

욥은 너무나 감당하기 힘든 시련을 당했다. 자녀들을 잃었고, 그의 소유물과 종들, 농작물과 가축을 잃었으며 마침내는 건강까지 잃었다. 그의 몸은 고름이 줄줄 흘러나오는 종기들로 뒤덮였다. 친구들은 그 모든 것이 욥의 불순종 때문이라고 비난했다. 아내는 차라리 하나님을 저주하고 죽으라고까지 했다.

그런데 갑자기 욥의 건강이 회복되고 이전 모든 소유보다 갑절이나 갖게 되었다. 새로운 자녀들을 얻었고, 친구들도 그를 존경하게 되었다. 가축과 종들도 두 배로 많아졌다. 과연 무엇이 이렇듯 기적적인 변화를 가져오게 했을까? 성경은 욥이 그의 친구들을 위해 기도했다고 말한다(욥 42:10).

우리가 다른 사람들을 위해 기도할 때 하나님은 우리를 축복해 주신다. 그들의 건강을 위해 기도할 때 우리의 건강을 축복해 주신다. 그들의 자녀들을 위해 기도할 때 우리의 자녀들을 축복해 주신다. 그들의 재정 상태를 위해 기도할 때 우리의 재정을 축복해 주신다. 욥이 그의 친구들을 위해 기도했을 때 하나님은 욥을 축복해 주셨다. 우리가 다른 사람들을 위해 기도할 때 하나님은 우리를 축복해 주신다.

효과적인 기도를 위한 제안

| 기도 시간과 분량을 정하라 |

정해진 기도 시간이 없는 사람들은 좀처럼 기도 시간을 갖지 않는다. 위대한 기도의 사람들은 기도가 하나님과의 약속이라고 이야기한다. 기도 시간이 언제인지보다 기도하는 시간을 내는 것이 중요하다는 데에는 대부분의 사람들이 동의한다. 매일 하나님을 만나는 시간을 정해 놓으라. 그것을 절대 깨뜨릴 수 없는 하나님과의 약속으로 여기라.

기도의 분량에 대한 목표를 정하는 것이 좋다. 처음에는 10분에서 15분 정도로 시작하여 점점 늘려 가도 된다. 1시간 기도하는 것이 가장 도달하기 좋은 목표다. 그것이 너무 길게 느껴진다면, 우리가 많이 기도할수록 하나님이 더 많이 일하신다는 것을 명심하라. 큰 영향력을 가진 소그룹 리더들은 기도하는 데 많은 시간을 할애한다.

| 기도 장소를 정하라 |

정기적으로 기도를 드리는 개인적인 공간을 갖는 것이 기도의 집중력을 향상시켜 준다. 예수님은 마태복음 6장 5~7절에서 바로 이 개인적인 공간에 대해 말씀하셨다. 예수님은 은밀한 중에 보시는 하나님이 우리의 기도에 응답해 주심으로써 공공연하게 갚아 주실 것이라고 약속하셨다. 당신이 개인적으로, 또 열정적으로 하나님께 마음을 쏟아놓을 수 있는 공간을 찾으라.

아이들이 어렸을 때 우리는 아주 작은 집에서 살았다. 나에게 가장 좋은 기도 장소는 매일 아침 운동 삼아 걷던, 집 근처의 보도라는 것을 발견했다. 이제 나는 내 사무실에서 기도하기도 하고, 아침에 집 근처를 걸으면서 기도하기도 한다. 공원에 가서 피크닉 테이블에 앉아 기도할 때도 많다. 어디서 기도하는지는 중요하지 않다. 다만 기도할 장소를 찾으라.

| 기도의 방식을 정하라 |

많은 훌륭한 기도의 용사들은 마태복음 6장 9~13절에 나오는 주기도문을 기도의 방식으로 활용하라고 말한다. 그들은 그것을 예배(9절), 간구(10~11절), 고백(12절)을 포함하는 개요로 사용한다. 그래서 기도할 때 이 영역들을 한 번 또는 여러 번 다루게 되는 것이다.

또 어떤 이들은 두문자어 ACTS(Adoration경배, Confession고백, Thanksgiving감사, Supplication간구)를 기도 방식으로 활용한다. 그러나 그 방식의 구체적인 내용은 방식을 갖는 것 자체만큼 중요하지 않다.

| 기도제목과 응답을 기록해 둘 곳을 정하라 |

아무리 흐린 잉크라도 가장 훌륭한 기억력보다는 낫다. 우리는 다른 사람의 기도제목이나 필요들을 잊어버리고 싶지 않지만 종종 잊는다. 그래서 목록을 작성해 두는 것이 좋고, 더 좋은 것은 작은 노트를 마련해 기도제목들을 기록해 두는 것이다. 기도할 때 그것을 앞에 두고 기도하라. 그것은 또한 하나님이 응답하신 많은 기도들에 대한 증거가 되기도 한다. 나는 낙심할 때면 종종 과거의 기도 노트를 꺼내어 응답받은 기도들을 보곤 한다.

| 하나님께 적절한 성경구절들로 인도해 달라고 기도하라 |

때때로 우리는 어떤 사람에 대해 무엇을 기도해야 할지 잘 모른다. 일단 확실치 않을 때는 성경말씀으로 기도하는 것이 가장 좋다. 바울은 자신이 사랑하는 성도들을 위해 기도하면서 몇 가지 훌륭한 기도의 본을 남겼다(엡 1:17~19, 3:16~19, 빌 1:9~11, 골 1:9~12, 살전 1:2~3). 내게는 아내와 자녀들, 그리고 핵심 리더들을 위해 정기적으로 기도하도록 하나님이 주신 특별한 구절들이 있다.

| 중보기도에 각 지체에 대해 감사하는 내용을 포함시켜라 |

우리는 자신이 인도해야 할 사람들 때문에 좌절하기가 쉽다. 그들은 때때로 양처럼 행동하면서 잘못된 길로 방황하며 돌아다닌다. 사도 바울은 영적인 목자 노릇을 하며 좌절감에서 놀라울 정도로 자유로웠던 것 같다. 나는 그 이유 중 하나가 항상 그들에 대해 하나님께 감사했기 때문이라고 생각한다. 바울이 편지나 기도를 시작할 때 항상 그의 사람들에 대해 하나님께 감사하는 것으로 시작했다는 사실을 주목하라(엡 1:16, 빌 1:3~4, 골 1:3~4, 살전 1:2).

| 더 큰 효과를 얻으려면 금식하며 기도하라 |

많은 기도의 용사들이 발견한 기도의 '비밀'은 바로 금식이다. 금식은 자발적인 절제다. 보통은 일정 기간 동안 음식을 먹지 않고 하나님께 집중하며 전적으로 기도에 몰입하는 것을 뜻한다. 일반적으로 금식은 꼬박 24시간 동안 지속된다. 초대 교회는 매주 이틀씩, 수요일과 금요일에 금식을 했다. 바리새인들은 화요일과 목요일에 금식을 했다. 그 외에 성경에 나오는 금식은 3일에서 40일까지 다양하다. 성경에는 개인적인 금식과 공동 금식이 모두 나온다.

나는 보통 수요일 저녁 소그룹 모임이 있기 전에 약 20시간 정도 금식한다. 그러니까 화요일에 저녁식사를 한 다음 수요일 늦은 오후까지 고형식품을 먹지 않는다는 뜻이다. 금식할 때 그룹 모임이 더욱 원활하게 흘러가고, 내가 그 그룹을 더욱 효과적으로 이끌게 되는 것 같다.

| 모임 시간 전에 소그룹의 모든 요소들에 대해 기도하라 |

문제가 생기기 전에 기도하는 것이 더 좋다. 욥은 혹 자녀들이 죄를 지었을까 하여 매일 자녀들을 위해 기도하며 번제를 드렸다(욥 1:5). 소그룹 모임의 모든 요소들을 생각하며 기도로 그것들을 감싸라. 출석부터 예배까지, 기도에서 말씀 토의까지 각각의 요소들에 대해 기도하라. 이것은 하나님이 당신의 모임 안에서 하기 원하시는 모든 일을 하실 수 있을 거라는 확신과 평안을 줄 것이다.

| 당신의 예비 리더와 현재 그룹에서 분가될
미래의 그룹들을 위해 기도하라 |

6장에서 예비 리더의 멘토링에 대해 더 많이 이야기할 것이다. 꼭 기억해야 할 핵심은, 당신이 미래의 그룹들을 맡을 예비 리더들을 찾아서 키우지 않으면 당신의 그룹이 배가할 수 없다는 사실이다. 예수님은 제자들에게 말씀하시기를, 추수하는 주인에게 추수할 일꾼들을 보내 달라고 기도하라고 하셨다(마 9:38). 훌륭한 예비 리더들은 가장 뛰어난 능력을 지닌 추수할 일꾼들이다. 그들은 당신의 수확을 돕기도 하고, 언젠가 그들 자신의 그룹을 이끌게 될 때 그 수확을 배가시킬 것이다.

리더들이 어디에 가서 예비 리더들을 찾아야 하냐고 물으면 내 대답은 항상 똑같다. 바로 '무릎을 꿇으라'는 것이다. 하나님은 당신에게 예비 리더를 보내 주실 수 있는 분이다. 하나님은 당신의 그룹 안에 있는 사람들에게서 아직 사용되지 않은 잠재력을 발견하도록 도와주실 수 있는 분이다. 하나님은 그들 안에서 가장 좋은 것을 이끌어 내도록 당신을 지도해 주실 수 있는 분이다. 당신은 그저 그분께 구하기만 하면 된다.

| 당신을 도우시는 하나님의 은혜를 구하라 |

다른 습관들은 이 책의 나머지 부분에서 다룰 것이다. 지금은 이 중요한 기도의 습관부터 시작해 보자. 당신의 개인적인 삶에 대해 기도하라. 기도를 당신의 일상 스케줄과 삶의 일부로 만들 수 있도록 하나님께 도움을 구하라. 기도하면 당신이 하는 다른 모든 일들이 더 나아질 것이다. 그러나 기도하지 않으면 다른 모든 일들도 잘 되지 않을 것이다.

기도는 성공하는 소그룹 리더의 가장 중요한 습관이다. 소그룹 리더의 개인 기도 계획표를 작성함으로써 이 장의 내용을 적용해 보라.

개인 기도 계획표

내가 매일 기도하는 시각은 ----------- 이다.

기도 시간은 하루에 _____ 분이다.

나는 기도제목과 응답을 기록하는 노트를 갖고 있다.

       그렇다 : _____   아니다: _____

내가 기도하는 장소는 _____ 이다.

나의 기도 계획은

--- 이다.

3 INVITE
초청: 매주 새로운 사람들을 모임에 초청하라

나는 교회에서 존을 몇 번 본 적이 있다. 우리는 캠핑 여행에서 친구가 되었다. 나는 그가 영적 생활을 시작해야 한다는 것을 알았고, 그래서 그를 위해 기도했다. 어느 날 저녁, 그가 자녀를 어느 활동에 참여시킨 후 교회에서 우연히 만났다. 나는 그 주에 우리 남성 그룹에 초청할 사람을 보내 달라고 기도했었는데, 하나님이 존을 초청하라고 말씀하시는 것을 느꼈다. 그가 어떤 반응을 보일지 확신이 없었지만, 일단 존 앞으로 달려갔다.

"안녕, 존! 어떻게 지내나?"

그는 나를 쳐다보더니 "뭐, 그럭저럭" 하고 대답했다.

"아, 궁금한 게 있는데, 혹시 정기적으로 참석하는 소그룹이 있나?" 내가 물었다.

존은 즐거운 미소를 지으며 답했다. "자네한테 이런 말을 들으니 참 신기하군. 어제 저녁에 아내와 이야기를 나누면서 뭔가 나를 영적으로 무장시켜 줄 것이 필요하다고 했었거든."

나는 그에게 미소를 지으며 말했다. "그럼 월요일 저녁에 모이는 우리 남성 그룹이 있는데, 한번 와 보지 않겠나?"

"그러지 뭐"라고 그가 대답했다.

존은 월요일 밤에 그룹 모임에 참석했다. 그 모임에서 그는 눈물을 흘리며 하나님을 다시 만났고 그를 위해 기도하던 사람들과 의미 있는 만남을 가졌다. 그 후 1년 넘게 그는 모임에 한 번도 빠지지 않고 참석했다.

유능한 소그룹 리더의 세 번째 습관
매주 새로운 사람들을 모임에 초청하라.

성공하는 소그룹 리더들은 몇 가지 훈련들을 자신의 스케줄에 포함시킨다. 자주 간과하지만 매우 중요한 한 가지가 바로 새로운 사람들을 그룹에 초청하는 습관이다.

초청이 반드시 필요한 이유

| 사람들이 하나님을 만나려면 먼저 당신을 만나야 한다 |

현대 선교의 지도자 도널드 맥가브란(Donald McGavern)은 "사람들과의 관계는 하나님께 가는 다리다"라고 말했다. 사람들은 먼저 하나님의 사람들을 만남으로써 하나님을 만나게 된다.

전국적인 조사 결과들이 일관성 있게 보여 주는 것은, 교회를 방문한 사람들과 그리스도께 나아온 사람들 중 80~90%는 가족이나 친구의 초청으로 왔다는 것이다.

| 당신의 그룹에 게스트들이 없다면
성장을 경험하지 못할 것이다 |

게스트들을 계속 초청하지 않으면 당신의 그룹은 성장할 수 없다. 너무 뻔한 말로 들릴지도 모르지만, 그것을 망각할 때가 종종 있다. 새로운 사람이 당신의 그룹을 방문하지 않는다면 당신의 그룹은 성장할 수 없다. 게스트 수가 늘어나면 성장의 규모도 커진다. 게스트가 그룹에 머물게 되는 비율이 높아지면 성장률도 높아진다. 게스트 수가 늘어날뿐더러 정착률 또한 높다면 성장이 기하급수적으로 증가할 것이다.

왜 어떤 그룹은 성장하는데 다른 그룹들은 그렇지 못한가? 왜 어떤 리더들은 지속적으로 자신의 그룹을 성장시켜 가는데 다른 리더들은 그렇지 못한가? 그 답이 초청의 문제에 있는 경우를 종종 보게 된다. 새로운 사람들을 지속적으로 초청하는 리더와 그룹들은 성장한다. 그렇지 않은 그룹은 성장하지 못한다.

가끔 나는 성장하지 않는 그룹의 리더들과 대화를 나눈다. 그들은 마치 그들의 그룹을 방문하는 새로운 사람들이 바깥 세상이나 하늘에서 뚝 떨어지는 것처럼 행동한다. 새로운 사람들이 오는 것은 숙명이거나 성령의 신비로운 역사라고 생각하는 것 같다. 물론 아주 드물게 성령이 초자연적으로 역사하여 초대받지도 않은 사람이 그룹에 참석하도록 하시는 것도 사실이다. 그러나 이런 사람은 천 명 중 한 명일 것이다. 나머지 999명은 초청받았기 때문에 그룹을 방문한다.

새로운 사람들이 당신의 그룹을 방문하게 하는 것은 매우 실제적인 일이다. 손님들이 오려면 먼저 초대를 받아야 한다. 사람들은 마법처럼 갑자기 나타나지 않는다. 누군가가 나서서 그들이 오도록 만들어야 한다.

내가 매주 누군가를 초청하는 습관을 실천할 때마다 그룹은 성장했다. 그러나 지속적으로 새로운 사람들을 초청하지 않았을 때는 항상 그룹이 성장하지 않았다.

| 당신이 초청하면 온다 |

어떤 그룹 리더들은 '사람들이 오지 않을 것 같아서' 초청하지 않는다. 리더들이 이런 말을 하면 나는 항상 이렇게 질문한다. "당신이 그들을 초청했을 때 일어날 수 있는 최악의 경우는 무엇일까요?"

그들은 대체로 "초청받은 이들이 오지 않겠지요"라고 대답한다.

그러면 나는 "그들이 오지 않는다고 해서 당신이 잃을 것이 있나요? 어쨌든 그들이 올 수도 있잖아요"라고 대답한다.

나는 이렇게 말하는 걸 좋아한다. "당신이 사람들을 초청하면 그들이 올 것입니다." 당신이 초청하면 새로운 사람들이 온다는 사실이 얼마나 가슴을 뛰게 하는가! 모든 사람이 오지는 않을 것이다. 모든 사람이 곧바로 오지는 않을 것이다. 그러나 당신이 그들을 초대하면 그중에 오는 사람이 있을 것이다.

리처드 프라이스(Richard Price)와 팻 스프링거(Pat Springer)의 말을 들어 보자.

경험 많은 그룹의 리더들에 따르면… 15명의 사람들로부터 참석하겠다는 응답을 받기 위해서 보통 25명의 사람들을 개인적으로 초대한다는 것이다. 그 15명 중에서 실제로 모임에 참석하는 사람은 대개

8~10명뿐이며, 그중 한 달 정도 이상 정기적으로 모임에 참석할 사람은 5~7명 정도라는 것이다.[1]

그러니까 매주 한 사람을 초대해야만 새로운 그룹을 1년 안에 정규 멤버 10~14명으로 이루어진 그룹으로 성장시킬 수 있다는 뜻이다! 현명한 리더는 한 주에 적어도 한 사람을 초청하려고 노력하며, 멤버들에게도 그와 같이 하도록 격려한다.

많은 사람들을 초대하면 그중에 몇 명은 올 것이다. 나는 새로운 그룹을 시작할 때, 첫 모임의 예상 참석자 수보다 2배 내지 5배나 되는 사람들을 초청한다.

어떤 사람은 이렇게 묻는다. "초대할 사람들을 어디서 찾을까요?" 적어도 5가지 유형의 사람들을 초대할 수 있다.

초대할 사람들의 유형

- 가족
- 친구들
- 같이 일하거나 공부하는 사람들
- 이웃
- 교회에서 만나는 사람들(여기에는 현재 그룹에 속해 있지 않은 교인들과 주일 예배에 참석한 새신자들이 포함됨)

| 초청은 소그룹 인원이 줄어드는 것을 막는다 |

해마다 미국 교회에서는 교인의 10%가 빠져나가고 있다.[2] 마찬가지로 당신의 소그룹에서도 사람들이 빠져나갈 것이다. 따라서 게스트들이 없으면 당신의 그룹은 성장하지 못할 뿐만 아니라 쇠퇴할 것이다.

사람들이 떠나는 5가지 경우

• 모임에 참석하지 않는다.

• 다른 지역으로 이사를 간다.

• 그 지역의 다른 교회로 간다.

• 당신의 교회 내에서 다른 그룹이나 사역으로 옮긴다.

• 새로운 그룹의 리더가 된다.

| 수적인 성장은 흥분과 사기를 북돋는다 |

사람들은 발전하는 것에 긍정적으로 반응하고 발전하지 않는 것에 부정적으로 반응한다. 계속해서 새로운 사람들이 들어오는 그룹은 더 큰 자극을 받아 사기가 오른다. 멤버들은 사람들이 오고 싶어하는 그룹의 일원이라는 것을 자랑스러워한다.

| 초청은 그룹의 영적 주인의식을 형성한다 |

초청은 사람들이 주인의식을 갖는 데 도움이 된다. 일단 누군가를 그룹에 초청하는 단계에 이르면, '그 그룹', '당신의 그룹' 또는 '그들의 그룹'이라고 말하지 않고 '내 그룹'이라고 말하게 된다. 이것은 그들이 그룹에 대한 주인의식을 갖도록 돕는 중요한 요소다. 그룹에 대한 헌신도와 참여도를 높여 주고 그룹에 더 많은 관심을 갖게 한다. 현명한 리더는 멤버들이 다른 사람들을 초청하도록 동기를 부여하는데, 그 이유는 바로 주인의식을 강화하도록 도우려는 것이다.

초청할 때 피해야 할 실수

| 그 상황에 대해 충분히 기도하지 않는 것 |

하나님은 '언제, 어디에서, 어떻게, 무엇으로' 초청해야 효과적일지 잘 알고 계신다. 기도는 하나님이 하시는 일에 우리가 협력하도록 도와준다.

| 계속해서 "예"라는 대답을 이끌어 내지 못함 |

한 번 초청을 거절하면 다음 초청을 거절하기가 더 쉬워질 수 있다. 따라서 "예"라는 대답을 하게 만드는 것이 중요하고, 계속해서 "예"라고 대답하게 해야 한다. 가능하면 당신의 그룹에 정기적으로 출석하게 될 때까지 계속 "예"라는 대답을 이끌어 내야 한다.

예를 들어, 어떤 사람이 아직 "예"라고 대답할 준비가 되지 않았을 때 그를 그룹에 초청하는 경우가 있다. 그러나 그 사람은 자기 자녀를 교회의 어린이 활동에 참석하게 해 달라는 부탁에는 "예"라고 답할 준비가 되어 있을지도 모른다. 다음과 같은 경우 연속으로 "예"라는 대답을 듣게 된다. 당신의 집에서 저녁식사를 하자는 제안에 "예"라고 응답한다. 당신이 그의 자녀들을 교회 행사에 데리고 가겠다는 제안에 "예"라고 대답한다.

7월 4일 교회 마당에서 열리는 가족 불꽃놀이 행사에 대한 초청에 "예"라고 대답한다. 부활절 음악회, 친구 초청의 날이나 부활주일, 크리스마스 이브 같은 특별 주일 예배에 참석하자는 제안에 "예"라고 대답한다. 그러다 마침내 당신의 그룹 모임에 참석하는 것에 대해 "예"라고 말할 준비가 된다.

물론 사람마다, 교회마다 "예"라고 대답하게 되는 과정이 매우 다양하다. 누군가 "예"라고 대답할 만한 일을 발견하게 해 달라고 기도하고, 바로 그 부분에서부터 시작하라.

당신이 초청하는 사람들이 "아니오"라고 거절할 때 그것을 개인적인 거절로 받아들이는 실수를 범하지 않길 바란다. 그럴 때 마음에 상처를 받고 그들이 우리를 거절했다고 생각하여 그 사람들을 멀리하는 경우가 너무나 많다. 그러나 우리는 계속해서 그들을 돌아보고 사랑해야 한다.

| 너무 빨리 포기함 |

어떤 사람을 한 번 초청했을 때 "아니오"라는 대답을 듣게 되는 경우가 너무나 많다. 그러면 우리는 다시 그 사람을 초청하지 않는다. 우리가 초청했을 때 "예"라고 대답하지만 정작 나타나지 않는 경우도 너무 많다. 그러면 우리는 그 사람을 두 번 다시 초청하지 않는다. 때로는 우리가 초청한 사람이 오긴 왔지만 다시 오지 않는 경우가 있다. 그럴 때 우리는 그 사람을 다시 초청하지 않는다.

너무나 자주 우리는 한 사람을 너무 쉽게 포기해 버리는 잘못을 범한다. 인내가 변화를 낳는다. 첫 번째 초청 때 오지 않았던 많은 사람들이 내가 지속적으로 관심을 갖고 관계를 유지하며 서너 번 초청한 후 오는 경우를 많이 보았다.

나는 몇 년 전에 토드(Todd)를 알게 되었다. 그는 교회에 별 관심을 보이지 않았지만 그의 자녀들이 우리 여름성경학교에 참석하도록 허락했다. 그 후 몇 년에 걸쳐 나는 그의 신뢰를 얻으며 씨앗을 뿌렸다. 그러다 친구 초청의 날 그를 교회에 초청했다. 그는 주일마다 가족과 함께 제트스키를 타느라 바쁘다고 했다. 그래서 나는 제트스키를 탈 수 없을 만큼 날씨가 추워질 때까지 기다렸다가 그를 다시 초청했다. 이번에는 오겠다고 했다. 그러나 나타나지 않았다. 나는 계속해서 친밀한 관계를 형성하기 위해 노력했다. 그 후 머지 않아 그는 아내가 이혼하고 싶어한다는 이야기를 나에게 꺼냈다. 이번에는 그가 모임에 참석해도 되냐고 내게 물었고, 그 후로 꾸준 히 참석했다. 하나님께서 그의 인생을 놀랍게 바꾸셨다. 나는 그때 포기하지 않은 것을 참 다행이라 생각한다.

| '여섯 번 만나야 각인된다'는 법칙을 이해하지 못함 |

부동산업자들은 대략 여섯 번은 확실한 만남을 가져야 예비 고객 들 마음에 그들의 이름이 새겨진다고 말한다. 이처럼 그룹의 리더 도 예비 멤버들을 여섯 번 정도는 만나야 그들의 마음속에 그의 그 룹을 각인시킬 수 있다. 당신은 사람들이 '내가 소그룹에 참여하고 싶은 마음이 생긴다면, 나는 저 그룹에 들어가고 싶어'라고 생각하 도록 돕기 원한다.

어떤 이들은 사람들을 그들의 그룹에 들어오게 하려고 한 번 시 도했다가 초청한 사람들이 오지 않으면 자신의 노력이 실패했다고 생각한다. 그러나 어쩌면 그것은 실패가 아니라 성공으로 나아가는 단계인지도 모른다.

| 기회를 활용하게 해 달라는 기도를 하지 않음 |

나는 14살 된 아들이 유격수로 뛰는 야구경기를 지켜보고 있었다. 당시 나는 그 주간에 우리 교회에서 열리는 친구 초청의 날 행사에 누군가를 초대할 계획이었으나 기회를 잡지 못했다. 나는 하나님께 기회를 달라고 조용히 기도했다. 그 자리에는 싱글맘으로, 내 아들과 같은 팀에서 투수로 뛰는 아이의 엄마가 있었다.

그 아이는 몇 시즌 동안 내 아들과 같은 팀에 있었고, 내가 그 아이에게 공 던지는 법을 가르쳐 주기도 했었다. 그날 그 어머니 옆을 지나가는데, 하나님이 그녀를 초청하라고 하시는 것을 느꼈다. 나는 그녀에게 친구 초청의 날에 대해 이야기를 했고, 아들과 함께 와 주겠냐고 물었다. 그녀는 자기네 집이 교회 근처라고 했다. 그녀의 아들은 우리 교회 청소년 행사에 몇 번 참석하고는 매우 좋아했었다며, 그녀는 아마 참석할 수 있을 거라고 대답했다.

그 다음 경기에서, 나는 그녀에게 친구 초청의 날에 대해 더 자세히 이야기했다. 그녀는 아들에게 친구 초청의 날에 대해 이미 말했다면서 아마 참석할 거라고 대답했다. 그 다음 주에 그들이 교회에 왔다. 나중에 그녀는 이렇게 말했다. "아들 때문에 교회에 나오긴 했지만, 솔직히 말하면 저도 정말 오고 싶었어요." 그들은 매주 교회에 나왔다. 몇 주 후에 그녀의 아들이 구원을 받았다. 그리고 3개월 후 그녀도 구원을 받았다. 그녀는 우리 교회에 정기적으로 출석할 뿐만 아니라 우리 소그룹의 멤버이기도 하다.

| 세 번 승리를 거두지 못함 |

사람들을 초청하려고 진심으로 애를 썼지만 실패하는 가장 큰 이유는 초청자가 '한 영혼을 얻으려면 반드시 세 번 승리해야 한다'는 원칙을 이해하지 못했기 때문일 것이다. 전쟁에서 이기려면 이러한 싸움들을 이겨야 한다.

영혼을 얻기 위한 세 번의 승리

- 그들을 당신 편으로 이끈다.
- 그들을 당신의 그룹이나 교회로 오게 만든다.
- 그들을 그리스도께 인도한다.

먼저 사람들을 우리 편으로 만들지 못하면 초청은 효과가 없다. 그들이 당신을 모르거나 좋아하지 않는다면 당신의 그룹에 오지 않을 것이다. 그들을 우리 편으로 만들지 않으면 그들은 모임에 오고 싶은 마음이 들지 않을 것이고 모임에 올 수 없는 핑계를 자주 댈 것이다.

그러나 일단 그들을 우리 편으로 만들면 몇 가지 좋은 일들이 일어난다. 즉 '언제, 어떻게, 무엇을 통해' 그들을 초청해야 할지 알게 된다. 그들은 우리의 초청을 귀담아들을 것이다. 당신의 그룹이 삶 속에서 일으키는 변화를 보게 될 것이다.

그때 우리는 그들을 우리의 교회나 그룹으로 인도할 수 있다. 그리고 거기서부터 그들을 그리스도께 인도할 수 있다. 나는 이렇게 세 번 승리하여 인도한 사람들이 하나님께 충성하고 우리 그룹에 남는 것을 발견했다.

| 자기 혼자 초청하려고 함 |

중보기도 팀과 건강한 그룹, 교회가 한 팀이 되어 초청을 할 때 가장 쉽게 할 수 있다. 당신 혼자서 그 모든 일을 하려고 해서는 안 된다. 초청하려는 사람이 당신의 교회나 소그룹 안에서 이미 알고 좋아하는 사람이 있을 때 초청이 특히 더 효과가 있기 때문이다.

| 영혼의 때를 놓침 |

사람들마다 복음에 대해 좀 더 마음이 열리는 영혼의 때가 있다. 대부분의 성인들은 다음과 같은 때에 그리스도께 나아오거나 돌아온다.

영혼의 때

- 사랑하는 사람이 죽었을 때
- 새로운 동네나 도시로 이사했거나 직장이나 학교를 옮겼을 때
- 이혼했을 때
- 결혼했을 때

- 가정의 문제가 있을 때

- 큰 병에 걸렸을 때

- 자녀가 태어났을 때

현명한 리더는 이러한 때에 민감하다. 그는 이러한 때에 자신이 초청하고자 하는 사람에게 더욱 관심을 기울인다.

타미(Tammy)는 1990년대 초에 한 그룹에 들어가 그리스도를 만났다. 그녀는 매우 흥분하여 가톨릭 신자인 친구들과 이웃 몇 사람을 데려왔다. 그중 한 명이 로리(Lori)였다. 로리는 한두 번 모임에 참석했지만 늘 해 왔던 가톨릭 신앙생활이 더 좋았다. 타미는 마침내 우리 교회에 등록하여 그리스도 안에서 성장해 갔다. 반면에 로리는 이혼을 했고 암에 걸렸다는 사실을 알게 되었다.

그 모든 일이 일어나는 동안 타미와 그녀의 다른 크리스천 친구들은 진심으로 로리를 사랑해 주었다. 로리는 절망 중에 하나님께 부르짖었고, 아주 강력하게 하나님을 만났다. 그녀는 우리 교회에 나오기 시작했고 타미가 참석하는 여성 그룹에 들어갔다. 하나님이 그 모든 것을 사용하여 영혼의 어둠의 때에 그녀를 하나님께 이끄신 것이다. 지금 로리는 우리 교회 교인이고 소그룹에서 리더 훈련을 받고 있는 중이다!

| 과도한 압력을 가함 |

나는 자동차를 사러 다니면서 재미있는 현상을 발견했다. 좋은 차 일수록 판매원이 가하는 압력이 더 적다는 것이었다. 당신이 주차장 으로 들어설 때 그들은 공격적으로 당신에게 다가오지 않는다. 당신 스스로 자동차를 세심히 관찰할 시간을 준다. 그리고 재차 생각할 시간을 준다. 차가 좋고, 가격만큼 가치가 있고, 잘 팔린다는 확신이 있을 때 그들은 어떻게든 거래를 성사시키기 위해 당신에게 강요를 하지 않는다. 그저 자신 있게 상품에 대해 설명만 할 뿐이다.

현명한 그룹의 리더 또한 자신의 그룹에 대한 확신이 있다. 그는 누구든지 그 모임에 오는 사람에게는 놀라운 축복이 임할 것임을 알고 있다. 그래서 억지로 강요하지 않는다. 단지 자신 있게 자신의 모임을 소개할 뿐이다. 응답된 기도들, 변화된 삶, 따뜻한 우정 등 에 대해 이야기한다. 절대로 과도한 압력을 가하지 않는다.

초청하는 내용과 시기에 대한 제안

| 욕구를 자극하는 말 |

• 아주 좋은 그룹 모임이 있습니다.
• 하나님이 우리의 기도에 응답하고 계십니다.

- 우리 그룹 사람들은 정말로 서로 사랑합니다.
- 우리 그룹의 거의 모든 사람이 당신처럼 (독신입니다, 어린 자녀들이 있습니다, 신혼입니다 등).
- 우리는 당신같이 (예리한 사색가, 뛰어난 유머감각을 가진 사람, 마음이 넓은 사람)이 필요합니다.
- 당신이 우리와 함께하면 정말 기쁠 것입니다.

| 씨앗을 뿌리는 말 |

- 당신은 그 모임을 좋아하게 될 것입니다.
- 당신에게 그 모임이 잘 맞을 것입니다.
- 당신이 문으로 들어오는 모습을 꼭 보고 싶습니다.

| 미끼를 던지는 질문 |

- 매주 모여서 성경공부를 하는 그룹이 있습니까?
- 우리 그룹은 언제, 어디에서 모임을 갖습니다. 한번 와 보지 않겠습니까?
- 개인적으로 당신을 초청합니다. 당신과 꼭 함께하고 싶습니다. 오실 수 있나요?

| 그룹의 힘을 나타내는 말 |

- 우리는 당신의 (할머니, 직장, 수술, 아들 등)을 위해 기도해 왔습니다.
- 사람들이 모임에 일단 한번 나오면 좋아서 다시 옵니다.
- 사람들이 우리 모임에 연결되면 떠나고 싶어하지 않습니다.

| 그들의 염려에 대한 답 |

- 성경에 대해 아무것도 몰라도 됩니다.
- 원치 않으면 큰 소리로 성경을 읽거나 기도하거나 찬양하지 않아도 됩니다.
- 옷을 잘 차려입고 오지 않아도 됩니다. 다른 사람들도 다 그렇게 하지 않습니다. 저는 보통 청바지를 입고 갑니다.
- 아이들은 모두(어린이 클럽으로 갑니다, 다른 방에서 따로 모임을 갖습니다, 우리가 따로 돌봐 줍니다) 우리 아이들도 거기 있을 겁니다. 아이들은 그 시간을 정말 좋아합니다.
- 와 보고 마음에 들지 않으면 오지 않으셔도 됩니다.
- 독신자들의 모임이지만, 거기 오는 사람들은 하나님을 만나러 오는 것이지 데이트 상대를 찾으러 오는 게 아닙니다.
- 조금 늦게 와도 괜찮습니다. 처음 10분 동안은 다과를 나누니까요.

매주 초청하는 시간은 _____ 시이다.

투자하는 시간은 일주일에 _____ 분이다.

내가 초청할 수 있는 사람들

　　가족 : _____

　　친구들: _____

　　이웃: _____

　　직장 동료나 학교 친구들: _____

　　_____

　　우리 교인 중 소그룹에 연결되어 있지 않은 사람들 : _____

　　_____

소그룹 리더의
개인적인 초청 계획표

주일 예배에 처음 온 사람들: ------------------------------------

이번 주에 내가 초점을 두려 하는 사람은: ------------------------

나의 계획은

------------------------------------ 이다.

CONTACT DREAM PRAY INVITE

4 연락: 정기적으로 멤버들과 접촉하라

처음 하나님과 동행하기 시작했던 16살 무렵, 나는 시내에서 가장 훌륭한 아침식사를 할 수 있는 곳을 알게 되었다. 매주 토요일이면 교회 주방에서 거한 아침식사를 즐길 수 있었다. 미소를 띤 할머니들이 우리를 위해 팬케이크, 소시지와 소스, 스크램블 에그, 도너츠, 주스, 우유를 차려 주셨다. 그 음식들은 완전히 무료였다. 우리가 할 일은 나머지 오전 시간에 버스 선교를 하러 가기로 약속하는 것뿐이었다.

1960~1970년대에는 버스 선교 바람이 온 복음주의 교회를 휩쓸었다. 교회들은 중고 버스를 사서 새로 페인트칠을 하고 주일 아침이면 교회에 다니지 않는 어린아이들을 가득 태웠다. 버스 선교의 승패는 접촉의 원칙에 달려 있었다. 즉 지속적으로 그들과 접촉을 하면 그들이 계속해서 온다는 것이다.

교회는 토요일 아침에 버스 사역자들에게 멋진 아침식사를 대접하고는 그들을 보내어 버스에 탈 아이들을 접촉하면서 그날의 많은 시간을 보내게 했다. 교인들이 토요일에 아이들을 방문하면 그 아이들이 주일 아침에 기꺼이 버스에 올라탄다는 것을 교회는 빨리

알아차렸다. 또한 토요일에 아이들을 접촉하지 않으면 주일에 버스
에 타려 하지 않는다는 것도 알게 되었다.

그 원칙은 일반적으로 적용되었다. 아이들에게 연락을 하면 계속
나오고, 연락을 하지 않으면 계속 오지 않았다. 시골에 살든 도시에
살든 상관없었다. 연락을 하면 아이들이 계속 왔다. 매주 버스에 타
는 아이들을 모두 만나려면 많은 시간과 노력이 필요했다. 하지만
버스 사역자들이 매주 지속적으로 접촉한 덕에 많은 아이들이 예수
님을 알게 되었다.

접촉의 원칙은 버스 선교뿐만 아니라 소그룹 리더들에게도 적용
된다. 당신이 멤버들과 지속적으로 접촉을 하면 그들이 계속 나올
것이다.

유능한 소그룹 리더의 네 번째 습관
정기적으로 멤버들과 접촉하라.

정기적으로 멤버들을 만나야 하는 이유

| 접촉은 그룹의 성장을 돕는다 |

어떤 사람이 모임에 첫 방문을 하여 이름이 등록부에 오르면 유능한 리더는 그 사람과 접촉을 할 것이다. 보통은 모임에 와 줘서 고맙다는 인사와 함께 모임이 어땠는지 묻고 다음에도 오도록 초청하는 간단한 전화 통화를 한다. 이런 새신자들이 다시 와서 그 그룹에 정착할 때 그룹은 성장한다.

우리 교회를 처음 시작할 때 이 접촉의 원칙의 효력을 알게 되었다. 뉴 라이프 교회는 우리 집 지하실에서 11명의 모임으로 시작했는데, 그 교회가 6개월 만에 100명, 18개월 만에 200명으로 성장했다. 나는 매주 거의 모든 가정에 전화를 했다. 평균 출석 인원이 200명이 넘을 때까지, 평일 저녁과 토요일 오후에 5분씩 전화 통화를 하면서 보냈다. 그러다가 사역자 5명이 나누어서 전화를 했다. 우리는 접촉의 원칙이 변화를 일으킨다는 것을 알게 되었다.

나의 큰 아들 두 명은 공립학교에서 전도를 위한 성경공부 소그룹을 시작했다. 그들은 매주 수요일 아침 수업 시작 전에 45분간 모임을 가졌다. 두 달 만에 모임이 점점 커져서 25명이 넘는 아이들이 모였다. 대부분 교회에 다니지 않는 아이들이었다.

어떻게 그렇게 할 수 있었을까? 매주 화요일이면 학교에서 아이들에게 이야기를 하고 밤에는 전화를 걸어 짧게 통화를 했다. 그들은 접촉의 원칙이 효과가 있다는 것을 알았다. 친구들에게 연락을 하면 오고, 연락을 하지 않으면 안 왔기 때문이다.

내 아내 캐시(Cathy)는 최근에 여성 소그룹 모임을 시작했다. 아내는 불과 몇 주 만에 그 그룹을 성장시키고 두 개의 그룹으로 배가시켰다. 어떻게 그렇게 했을까? 전화 통화를 정말 많이 했고, 교회에서 소그룹에 속해 있지 않은 여자들과 많은 대화를 나누었다. 아내는 접촉의 원칙을 이해하고 있었다.

나는 수요일 저녁마다 소그룹 모임을 인도한다. 적은 인원에서 시작한 우리는 몇 달 만에 거의 30명 가까이 모이게 되었다. 어떻게 그렇게 되었을까? 우리는 접촉의 원칙을 적용한다. 나는 새로운 사람들을 접촉하고, 예비 리더들은 매주 모든 참석자들에게 전화를 건다. 우리가 연락을 하면 그들이 온다.

| 접촉은 주간 평균 출석률을 높인다 |

나는 전국을 돌아다니며 여러 교회에서 말씀을 전했다. 그중 많은 교회 목사들이 이런 말을 하곤 했다. "모든 교인이 출석만 한다면 아주 많은 사람이 모일 텐데요. 안타깝게도 정기적인 출석자들 중 일부가 항상 빠지네요." 나는 소그룹 리더들이 똑같은 말을 하는 것을 들었다.

몇 년 전에 나는 한 가지 입증해 보이고 싶은 것이 있었다. 우리는 '전원 출석' 주일을 정했다. 취지는 새로운 사람들을 전도하는 것이 아니라, 모든 출석 교인들을 같은 날 모이게 하는 것이었다. 약 한 달 전에 우리는 모든 교인들에게 전화를 걸어 달력에 표시를 해 놓고 전원 출석 주일에 꼭 참석하도록 특별히 노력해 줄 것을 당부했다. 전원 출석 주일을 상기시키는 엽서를 보내고, 몇 주 동안 광고를 하고, 심지어 사람들에게 전원 출석 주일을 알리는 큰 배지까지 나누어 주었다.

그 일은 촌스럽고 진부했지만 참 재미있었다. 또한 매우 효과적이었다. 한 주 출석자가 750명을 맴돌았다. 전원 출석 주일에는 천 명을 돌파했다. 단지 우리 교인들만 모았을 뿐인데 말이다. 또한 전원 출석 주일 이후로 몇 주 동안 출석자 수는 800명 이상으로 유지되었다.

누군가 나에게 이렇게 물었다. "모든 사람이 그룹 모임에 참석하는 것이 정말 그렇게 중요합니까?" 내 대답은 이러했다. "그들에게 참석하라고 권할 가치가 없다면 왜 당신은 그 일을 하고 있습니까?" 나는 우리 교회 예배와 소그룹 모임들이 참석할 가치가 있다고 생각한다. 참석하지 않을 때보다 참석함으로써 얻는 유익이 더 많을 것이다. 따라서 나는 그들을 참석시키기 위해 연락을 한다.

정기적으로 멤버들을 접촉함으로써 그들이 1년에 출석하는 횟수를 늘릴 수 있다. 접촉은 멤버들이 모임에 의무감을 갖도록 하는 방법이다. 또한 접촉은 소그룹 모임 중에 하나님이 그들의 삶 속에서, 또 그들의 삶을 통해 일하실 수 있는 횟수를 늘려 준다.

| 접촉은 목자가 양들의 상태를 알도록 도와준다 |

유능한 리더에게는 '아는 것'이 필수적이다. 당신이 사람들을 잘 알수록 그들을 더 잘 인도할 수 있다. 그들을 '알지' 못하면 그들을 '성장시킬' 수 없다.

당신의 소그룹에 속한 누군가는 자신이 겪고 있는 상황을 그룹 사람들과 나누기를 꺼려할지 모른다. 하지만 당신이 그를 따로 만나면 당신에게 그 이야기를 나눌 것이다. 당신이 직접, 전화로, 이메일로 사람들과 접촉할 때 그들이 당신에게 털어놓는 이야기들은 실로 놀라울 것이다. 정기적인 접촉을 통해 그들을 더욱더 깊이 알아 가라. 리더들이 예비 리더를 뽑을 때 범하는 가장 큰 실수 중 하나가 그들을 충분히 알지 못하고 뽑는 것이다. 이 장 후반부에 제시된 제안들을 보고, 접촉을 통해 사람들의 마음을 알아 가는 법을 배우라.

| 접촉은 관심을 전한다 |

접촉은 당신이 관심을 갖고 있음을 말해 준다. 당신이 시간을 내어 그들과 연락할 만큼 관심을 갖고 있다는 것을 나타낸다. 그들이 왜 모임에 빠졌는지, 또는 그룹을 어떻게 생각하는지 알고 싶어할 만큼 관심을 갖고 있음을 의미한다. 그들의 기도제목들을 체크하고 그들을 더 잘 알고 싶어할 만큼 관심을 갖고 있음을 말해 준다.

효과적인 접촉을 위한 제안

| "당신을 위해 어떻게 기도할까요?"라고 물으라 |

나는 사람들에게 기도제목을 묻는 것이 내가 할 수 있는 가장 귀한 일 중 하나라는 것을 안다. 이 단순한 질문이 그들의 마음 문을 열기 때문이다. 특히 당신이 주의 깊게 듣고 있고 그들을 위해 기도할 거라는 사실을 그들이 알 때 더욱 그렇다. 사람들은 자신의 가장 깊은 문제들과 가장 큰 염려들을 당신에게 나눌 것이다.

**| "하나님이 이 일에 대해 어떻게 해 주시길 원합니까?"
라고 물으라 |**

나는 사람들을 위해 기도할 때 내가 기도하고 싶은 대로 했었다. 그런데 지금은 사람들에게 무엇을 위해 기도하기 원하는지 묻는다. 이것은 매우 중요하다. 한번은 한 여성이 몹시 아픈 자기 어머니를 위해 기도해 달라고 내게 부탁했다. 나는 하나님이 개입하셔서 그녀의 어머니를 낫게 해 달라고 기도했다. 하지만 이것은 그 딸이 원하는 것이 아니었다. 그녀는 하나님이 어머니를 빨리 천국으로 데려가셔서 더 이상 고통당하지 않게 해 주시길 원했다. 그녀의 어머니는 크리스천이었고, 너무나 큰 고통을 겪어 왔기 때문이다.

사람들이 하나님께 무엇을 원하는지를 묻는 것이 문제의 핵심을 아는 데 도움이 된다. 그것은 당신이 그들과 같은 마음으로 기도할 수 있도록 도와준다.

| "지금 바로 기도합시다"라고 말하라 |

나는 사람들에게 그들을 위해 기도하겠다고 말한 뒤 잊어버린 적이 많았다. 그래서 이제는 사람들이 자신의 필요를 이야기하면 바로 그들을 위해 기도한다. 전화상으로든, 교회 로비에서든 말이다. 나는 즉시 그 필요를 하나님께 아룀으로써 '쇠뿔도 단김에 빼야 한다'는 것을 배웠다.

최근에 소그룹 리더들 중 한 사람과 이야기를 나누었는데, 85세인 그의 아버지가 지금 임종을 눈앞에 두고 계신다고 했다. 대화를 마친 후 나는 그와 그의 아버지와 가족을 위해 큰 소리로 기도했다. 기도를 마칠 때 그는 눈물을 억지로 참았다. 그는 내게 고맙다고 말하며, 자기가 사랑받는 교회에 있는 것이 매우 기쁘다고 했다.

나는 대화를 중단하고 누군가의 필요를 위해 큰 소리로 기도할 때 하나님의 성령이 임하시는 것을 여러 번 느꼈다. 내가 기도를 마칠 때 그들이 뺨에서 눈물을 닦는 것을 본 적이 너무나도 많다. 단순한 기도가 우리를 하나님께, 또 서로에게 놀라울 정도로 가까이 끌어당길 수 있다는 것을 명심하라.

그들이 꺼리면 억지로 기도를 강요하지 말라. 그들이 기도하고 싶지 않다고 말하거나, 그들의 침묵이 그것을 말해 줄 때면 나는 대개 이렇게 말한다. "괜찮아요. 꼭 하지 않아도 됩니다. 하나님이 당신의 마음을 알고 계시니까요. 다음에 해도 좋습니다."

그러나 그렇게 말할 때 그들은 자신에게 하나님이 필요하다는 것과 당신이 그들에게 관심을 갖고 기도해 주려 하는 것에 대한 고마운 마음을 표현하려 할 것이다. 그것이 또한 당신에게 통찰력을 더해 주어 그들의 필요와 기도생활에 대해 더 잘 알게 된다.

멤버들과 연락할 때 무슨 이야기를 나눌까

정기적으로 멤버들과 접촉하는 소그룹 리더는 여러 질문을 함으로써 그들을 점점 더 잘 이해할 수 있게 된다. 중요한 것은 관심을 보이는 것이다. 당신이 진심으로 그들을 더 잘 알고 싶어한다는 것을 그들이 느껴야만 한다. 심문당하고 있다는 느낌을 받게 해서는 안 된다. 다음 제안들을 활용하면 사람들이 마음을 열고 당신과 이야기를 나눌 수 있을 것이다. 그들이 짧게 대답하는 데 그치지 않고 정말로 자신의 마음을 당신과 나눌 수 있도록 돕기를 원한다.

어느 정도 시간이 지나면 당신 스스로 질문들을 생각해 낼 수 있을 것이다. 그때까지는 다음 질문들 중에서 몇 가지를 사용해 보라.

- 어떻게 지내셨습니까?
- 댁의 자녀들은 잘 지냅니까?
- 직장은 마음에 드시나요?
- 1~10까지 점수를 매긴다면, 이번 주 당신의 스트레스 지수는 어느 정도인가요?
- 고향이 어디입니까?
- 언제 세례를 받으셨나요?
- 우리 교회에서 가장 마음에 드는 점은 무엇입니까?
- 우리 소그룹에서 가장 마음에 드는 점은 무엇입니까?
- 지금으로부터 5년이나 10년 후에 달라지고 싶은 점은 무엇입니까?
- 이번 달에 하나님께서는 당신이 어느 영역에서 성장하기를 원하실까요?
- 당신이 정말 잘한다고 모두에게 인정받는 일들은 무엇입니까?
- 한 그룹을 인도하는 것을 생각해 본 적 있습니까?

접촉이 필요한 가장 중요한 시간

매주 모든 사람과 접촉할 수 있다면 아주 좋다. 그러나 그것이 불

가능할 때가 있다. 그럼에도 접촉이 아주 큰 영향을 미치고 반드시 필요한 순간이 있다. 유능한 소그룹의 리더는 절대로 이러한 때를 놓치지 않는다.

| 소그룹을 처음 방문한 직후 |

종종 이것이 한 번 방문한 사람들을 두 번 방문하게 만드는 열쇠가 된다. 그들이 환영받고 있다는 사실을 알게 해 주기 때문이다. 이때 접촉을 함으로써 당신은 그들이 갖고 있을 질문에 답해 주거나 혼란스러워하는 부분을 말끔히 해결해 줄 기회를 갖게 된다. 또한 그들을 자극하여 다시 모임에 참석하도록 애쓰게 만든다.

| 처음 몇 주 동안은 매주 |

나는 모임에 처음 온 사람이 첫 한 달가량은 매주 전화를 받게 하려고 노력한다. 이것은 당신과 그들의 관계를 형성해 줄 것이다. 또 그들이 매주 모임에 나오는 것이 습관이 되도록 도와준다.

| 결석한 후 |

결석자들에게 전화를 걸어, 당신이 그들을 보고 싶어한다는 것을 알게 하라. 만일 그들이 아프거나 다른 문제가 있다면, 그들을 위해 어떻게 기도해야 할지 알게 될 것이다. 또 그렇게 전화함으로써 모임에 빠지는 것이 습관이 되지 않도록 격려해 줄 수 있다.

| 어떤 사람이 자신의 어려움을 이야기한 후 |

이것은 그들이 그룹에서 나눈 이야기가 진지하게 받아들여졌다는 것을 전달해 준다. 그룹 안에서 이야기한 것이 그룹 밖의 일상생활에서도 의미가 있다는 것을 말해 준다. 또 당신이 다수가 아닌 그들 개개인에 대해 관심이 있다는 것을 보여 준다.

| 그룹 안에서 갈등이 있은 후에 |

때로는 그룹 안에서 사소한 일들에 대해 논쟁을 하거나 의견이 맞지 않을 때가 있다. 그런 일이 있은 직후에 리더가 연락을 취함으로써 사소한 충돌이 나중에 문제를 일으키는 것을 막을 수 있다. 갈등을 통해 성장하는 것이 더 깊은 관계로 들어가는 열쇠다. 너무나 많은 관계들이 피상적인 수준에 머물러 있는 것은 갈등을 회피했거나 해결하지 않고 내버려 두었기 때문이다. 당신들의 관계를 더 깊어지게 할 수 있는 이 기회를 놓치지 말라.

효과적인 '접촉'의 비결

- 사람들과 접촉하는 시간을 가장 중요한 사역 시간으로 여긴다.
- 말할 내용에 대해 성령의 인도를 구하며 기도한다.
- 앞에서 이야기한 중요한 때를 놓치지 않는다.
- 하나님이 그 주간에 접촉하기 원하시는 사람에 대해 기도한다.
- 하나님에 대해, 당신의 교회에 대해, 소그룹에 대해 긍정적인 확신을 갖는다.
- 그들의 시간과 스케줄을 고려한다. 그들이 바쁘면 짧게 한다.
- 그들의 기분에 민감하려고 애쓴다. 그들이 말하고 싶어하면 잘 들어 준다. 그렇지 않으면 억지로 강요하지 않는다.
- 접촉한 일들을 기록해 둔다.
- 서로 믿고 이야기한 내용들을 비밀로 간직한다.
- 일관성을 갖고 지속적으로 접촉한다. 모든 사람과 정기적으로 연락하려고 노력한다.
- 그들이 어떤 필요를 이야기했으면, 그들을 위해 기도함으로써 그 만남을 마친다.
- 연락하는 일을 예비 리더나 멤버들과 분담한다.
- 매주 정기적으로 접촉하는 시간을 정해 둔다. 한두 시간 정도를 접촉하는 시간으로 정해 주간 계획표에 포함시키고, 그것이 어떤 변화를 낳는지 지켜본다.

이번 주에 멤버들에게 연락할 주된 시간은 _____

_____ 이다.

목표 시간은 일주일에 _____ 분이다.

매주 접촉에 대한 기록을 해 두는 곳이 있다.

그렇다: _____ 아니다: _____

나의 주요 접촉 수단은 (전화, 가정 방문, 이메일, 기타)이다.

_____

이번 주에 가장 자주 질문할 것들은 _____

_____

_____ 이다.

"**준**비는 내 강점이 아니다"라고 빌은 자주 말한다. 빌은 평소에 그룹 모임을 할 때가 되면 '그때그때 직감을' 따른다. 그는 자기 그룹이 '자유롭고 자발적인' 분위기이길 바란다고 말한다. 그런데 최근에 출석률이 떨어지기 시작했다. 한동안 아무도 새로운 사람을 초청하지 않았다. 그룹에 속한 사람들이 불평을 하기 시작했다. 그들은 모임이 보통 '빌의 불만거리들을 나누는' 시간에 불과하다고 말한다.

한편, 댄(Dan)과 예비 리더 더그(Doug)는 화요일 밤에 있을 소그룹 모임을 준비하기 위해 월요일 밤마다 만났다. 그들이 기도하고 준비하는 두 시간이, 한 시간 반 정도 되는 모임을 성공적으로 만들고 있다. 그들의 그룹은 성장했다. 멤버들은 매주 모임을 기대하며, 새로운 사람들을 초청하기를 부끄러워하지 않는다. 댄과 더그는 성공적인 소그룹 모임이 그냥 이루어지지 않는다는 것을 배웠다. 그것은 계획과 기도, 그리고 준비의 산물인 것이다.

성공하는 소그룹 리더는 그룹 모임을 준비하는 습관을 기른다. 시간을 내서 '그 주간의 가장 중요한 한 시간 반'을 준비하는 데 노력을 기울인다. 그는 리더십의 시작이 '당신이 어디로 가고 있는지를 아는 것'임을 깨닫는다. 그래서 그룹 모임이 어느 방향으로 갈 것인지를 알기 위해 매주 준비를 한다. 매주 준비를 함으로써 그 그룹이 향상되며, 하나님을 향해 나아갈 수 있기 때문이다.

성공하는 소그룹 리더의 다섯 번째 습관
그룹 모임을 준비하라.

왜 준비해야 하는가?

| 준비는 하나님이 일하실 공간을 내어 드린다 |

리더가 잘 준비되어 있을 때 하나님이 그 그룹 안에서 일하실 수 있는 기회가 더 많아진다. 주의를 산만하게 하는 일들이 더 줄어든다. 사탄이 끼어들어 어지럽힐 수 있는 기회가 더 줄어든다. 모임이 더욱 순조롭게 진행되며, 그룹의 초점이 하나님께 맞추어진다.

| 준비는 확신과 믿음이 자라게 한다 |

유능한 리더들은 준비가 확신을 갖고 그룹 모임에 임하기 위한 열쇠라는 것을 알고 있다. 그들은 자기 자신과 모임의 일정을 준비하는 시간을 갖는다. 그들은 준비하는 만큼 분위기가 만들어지리라는 것을 알고 있다. 효과적인 성경 토의를 이끌어 갈 준비가 되어 있고 확신이 있다. 나눔을 어떻게 적용할지에 대해서도 신중히 생각해 놓았다. 모임이 진행되는 동안 리더들은 자유롭게 그 시간을 즐기며 하나님이 그들을 통해 일하시는 것을 보게 된다.

| 준비는 신뢰를 쌓는다 |

멤버들은 자연스럽게 그룹의 리더들이 인도하기를 기대한다. 리더가 어디로 가야 할지, 또 어떻게 가야 할지 알고 있다고 믿으면 대개는 기꺼이 따를 것이다. 이로써 멤버들은 마음이 편안해지고, 하나님이 그들에게, 또 그들을 통해 말씀하실 수 있게 된다. 준비되지 않은 리더 때문에 주의가 산만해지거나 실망하는 일이 없다. 또 새로운 사람들을 초청하고자 하는 의지가 더욱 커진다.

| 준비는 질을 높여 준다 |

99%는, 준비된 리더들이 준비되지 않은 리더보다 더 모임을 잘 이끌게 되어 있다. 그들은 모임 시간을 아주 지혜롭게 사용한다. 성경 해석도 좀 더 정확할 것이다. 곁길로 빠질 가능성을 능숙하게 피해 갈 것이다. 주의가 흐트러지는 것을 최소화할 것이다. 준비하는 시간을 가짐으로써 모임의 질을 높일 수 있다.

| 준비는 그룹의 가치를 높인다 |

사람들은 우리가 어떤 일에 할애하는 시간을 근거로 그 일에 얼마나 가치를 가지고 있는지를 판단한다. 우리가 모임을 준비하는 데 꼭 필요한 시간을 갖지 않으면, 멤버들이 그것을 알아챌 것이고 그들이 느끼는 그룹의 가치도 축소될 것이다.

리더가 모임 준비를 우선순위로 삼지 않으면 멤버들도 모임 참석을 우선순위에 두지 않을 것이다. 리더가 그룹 밖에서도 그룹을 생각한다는 것을 보여 주지 않으면, 멤버들도 서로를 위해 기도하고 새로운 사람들을 초청할 생각을 하지 않을 것이다. 그러나 리더가 잘 준비되어 있는 모습을 보여 주면 그룹의 가치도 높아진다.

| 오늘 준비하는 것이 내일 성공하는 비결이다 |

어떤 그룹 리더들은 실제로 준비 없이 한 주 한 주를 보낸다. 결국 그들은 최고의 성공에 도달하지 못할 것이다. 미래의 성공은 언제나 과거의 준비에 따른 결과이기 때문이다.

무엇을 준비해야 하는가

| 당신 자신을 준비하라 |

그룹 모임을 준비하는 데 있어 가장 중요한 요소는 리더 자신이 준비되는 것이다. 먼저 리더는 다음 몇 가지 질문을 중심으로 자신을 돌아보아야 한다.

- 나에게 자백해야 할 죄가 있는가?
- 성령님께 내 삶의 지배권을 내어 드리고 있는가?
- 그룹과 그 안에 속한 모든 사람들을 인도할 기회를 주신 것에 대해 감사하

는 마음이 있는가?

- 하나님의 말씀을 나의 일상생활에 적용하려 하는가?
- 바로잡아야 할 관계가 있는가?

리더가 모임을 위해 자신을 준비하는 데 있어 가장 중요한 항목 중 하나가 금식이다. 그룹 모임의 전날이나 당일에 하는 금식이 매우 큰 유익이 될 수 있다. 금식은 영적인 감수성을 키워 준다. 하나님이 좀 더 적극적으로 우리의 기도에 응답해 주시도록 한다. 그리고 우리의 몸과 영혼을 깨끗하게 한다.

모임을 위한 리더 자신의 준비에 도움이 되는 또 한 가지는 찬양과 경배다. 많은 유능한 리더들은 모임을 준비하는 시간 중에 몇 분

나는 소그룹을 이렇게 준비한다

나는 보통 그룹 모임이 있는 날 금식을 한다. 점심 시간 동안 눈을 감고 나 자신이 개인적으로 하나님과 약속을 하는 장면을 상상한다. 공원으로 가서 처음 몇 분 동안 하나님이 창조하신 아름다움을 들이마신다. 그 다음에 기도 노트를 펴고 찬양과 개인적인 기도제목들을 적는다. 죄가 있으면 회개한다. 그런 다음 멤버들의 이름을 불러 가며 그들의 필요를 아뢰며 기도한다. 그리고 그룹 모임에 대해 기도함으로 마친다. 나는 그날 밤에 있을 모임의 모든 부분을 기도로 하나님께 올려 드리려 한다. 그리고 나서 나는 공원의 아름다움을 마지막으로 깊이 들이마신다. 그리고 그곳을 떠나 가벼운 식사를 한다. 놀라운 자유와 영적으로 준비되어 있음과 하나님과 친밀해짐을 느끼면서 식사를 즐긴다.

동안 찬양과 경배를 통해 그들의 마음을 하나님께 향하는 것이 매우 중요하다는 것을 깨닫는다. CD를 틀어 놓고 찬양을 따라 할 수도 있고 악기를 연주할 수도 있겠다.

| 분위기를 준비하라 |

분위기가 모임을 만들 수도 있고 깨뜨릴 수도 있다. 그룹의 리더가 동시에 집주인이 아닌 것이 좋다. 당신이 집주인이든 아니든 간에, 책임지고 그룹 모임을 최대한 좋게 만들 수 있는 분위기를 준비해야 한다. 분위기와 관련하여 준비해야 할 주요 영역이 세 가지 있다.

- 장소 - 모임 장소는 깨끗하고 편안하고 넓어야 한다.
- 음악 - 두 종류의 음악이 그룹 모임에 도움이 된다. 사람들이 들어와 모이는 동안 연주될 조용한 음악과 모임이 진행되는 동안 예배를 위한 찬양곡을 준비하라.
- 간식 - 이것은 모임의 매우 중요한 요소가 될 수 있다. 특히 새로운 그룹이 만들어지고 처음 몇 주 동안은 더욱 그렇다. 사람들은 커피나 쿠키가 있을 때 더 편안함을 느끼는 것 같다. 간단히 다과를 나눔으로써 모임을 훨씬 더 편안하게 시작할 수 있다.

| 모임의 일정을 준비하라 |

환영: 10~25분

• 간식과 환영 인사−여기서 목적은 참석한 게스트들이 편안하고 즐거운 느낌이 들게 만드는 것이다. 상냥한 사람이 그들을 맞이하고, 외투를 받아 주고, 간단한 음식을 먹도록 안내하게 하라.

• 서로 인사하며 모임 시작하기−거의 모든 사람이 도착했으면, 자리에 앉기 전에 모든 사람과 서로 악수를 하거나 서로 포옹하게 하라. 이렇게 하는 목적은 사람들이 적당한 신체 접촉을 통해 따뜻함을 느끼도록 도우려는 것이다. 우리는 첨단 기술이 발달하면서 신체 접촉이 별로 없는 세상에 살고 있다. 신체 접촉은 빠른 속도로 벽을 허물어 준다. 내가 인도하는 그룹의 많은 독신자들이 그 포옹하는 시간을 기다린다. 우리 그룹에서 받는 포옹이 일주일 내내 그들이 받을 유일한 포옹이기 때문이다.

• 어색한 분위기를 누그러뜨리고 마음을 여는 시간−이 시간의 핵심은 그룹의 친밀도를 높이는 것이다. 목표는 모든 사람이 무언가를 나누게 하는 것이다. 유능한 그룹의 리더는 이 나눔의 시간을 지혜롭게 사용하여 그룹의 친밀감이 더욱 깊어지게 한다.

친밀감을 높이는 나눔의 단계

서로 소개하기: 사람들이 자신에 대해 부담스럽지 않은 것들을 나누게 하라. 이를테면 자기가 제일 좋아하는 활동 같은 것들 말

이다. 사람들은 서로 공통된 부분이 있다는 것을 알게 될 것이다. 또 어린 시절의 기억이나 십대 때 했던 활동들 같은 과거와 최근의 경험들을 나누게 하라. 이런 나눔들은 그룹이 새로 생겼을 때나 새로운 사람들이 몇 명 참석했을 때 아주 효과적이다.

영적으로 서로 알아 가기: 멤버들이 그들의 영적 배경에 대한 질문에 답하게 한다. 이를테면 어렸을 때 교회에 다녔는지, 어떻게 그리스도를 만났는지 하는 것들이다. 또는 언제 첫 번째 성경책을 받았는지, 그때 무슨 생각을 했는지 등을 물어보라. 이런 질문들은 그룹을 사교적 수준에서 좀 더 영적인 수준으로 높여 준다.

격려: 멤버들이 서로에 대해 더 잘 알게 된 다음에는 정기적인 격려의 시간을 가지라. 그들이 서로에 대해 좋게 생각하는 점, 그리고 서로에게 감사한 것들을 나누게 하라. 이것은 마음을 하나 되게 하는 강력한 힘이 있다.

더 깊이 들어가기: 과거와 현재를 통틀어 자신의 가장 큰 고통과 실패들을 나누게 하라. 그들이 간증을 하게 하라. 좋은 질문들이 사람들의 상처, 마음, 그리고 지나간 이야기를 드러낼 수 있다. 피상적인 수준을 지나 더 깊이 들어가는 비결은 바로 리더가 기꺼이 마음을 열고 솔직한 태도를 보이는 것이다. 이럴 때 그 그룹은 영적인 가족이 되기 시작한다.

예배: 10~15분

예배의 요소에는 찬양, 기도, 감사가 수반된다. 당신의 그룹이 할 수 있는 일들을 찾아서 다양하게 시도해 보라. 다양한 방법들을 활용하여 이 예배를 생생하게 유지해 가라. 당신이 이 시간을 매우 효과적으로 만들기 위해 필요한 준비들을 모두 갖추고 있는지 확인하라. 찬양 악보와 찬양 인도자, 경배와 찬양 CD 등이 여기에 포함될 수 있겠다. 멤버들로 하여금 하나님께 감사하는 것 열 가지, 또는 하나님을 찬양하는 다섯 가지 이유 같은 것들을 말하도록 하는 것도 좋다.

말씀: 30~45분

성경 토의의 3가지 핵심 요소

- 성경 본문이나 그날 배울 주제로 들어가는 도입 질문.
- 멤버들이 성경말씀을 이해하는 데 도움이 되는 질문.
- 그날 모임에서 나눈 말씀을 각자 어떻게 적용할 것인지를 질문하기.

증거: 10~30분

효과적인 6가지 활동

- 서로를 위해 기도하기
- 전도 계획을 세우고 기도하기 — 사람들이 그룹이나 교회로 초청할 사람들의 이름을 적게 하라.
- 결석자들과 접촉할 계획 세우기 — 출석자들이 결석자들에게 연락하

도록 분담하라. 이것은 공동체를 세워 주고, 리더 중심의 그룹이기 보다는 멤버 중심의 그룹이 되게 한다.

• **친목 활동 계획 세우기** – 항상 다음 번 친교 활동에 대해 이야기를 나누라. 사교적인 모임을 성공적으로 이끌기 위한 여러 요소들을 멤버들에게 위임하라.

• **교회 활동 장려하기** – 유능한 리더는 지역 교회와 협력할 때 그룹이 가장 잘 돌아간다는 것을 알고 있다. 매주 1~2분 정도를 할애하여 새신자반이나 교회가 지원하는 컨퍼런스, 수련회, 제자훈련, 성경공부반, 소그룹 리더 훈련 활동들 같은 것들에 대해 이야기하라. 참석을 독려하고 도전하라.

• **교회를 위해 기도하기** – 세포(Cells)는 더 큰 몸의 작은 부분들이다. 정기적으로 몇 분간 몸인 교회의 건강과 리더들을 위해 기도하는 시간을 가지라.

모임 일정을 준비할 때 기억해야 할 것

• 각 부분의 길이와 방법을 다양하게 하라. 다양한 방법들을 활용하여 다양한 계획을 세우라.

• 각 부분을 시작하고 마칠 때 자연스럽게 흘러가게 하라. 공식적으로 선언하지 말고 진행하라. "그러면 이제 마음을 열고 서로를 알아 가는 시간을 갖겠습니다"라는 말은 할 필요가 없다.

• 제시간에 모임을 마쳐라.

| 성경 나눔 준비하기 |

- 성경 본문을 놓고 기도하라.
- 성경 본문을 연구하라.
    - 관찰 : 그 구절은 무엇을 말하는가?
    - 해석 : 그것은 무엇을 의미하는가?
    - 적용 : 이것을 우리의 삶에 어떻게 적용할 것인가?
- 멤버들과 연관되는 점들을 찾으라.
- 적절한 도입, 토의, 적용 질문들을 개발하라.

많은 교회들이 리더들에게 모든 그룹이 사용하는 정해진 커리큘럼을 따를 것을 요구한다. 어떤 교회는 목사님의 주일 설교를 바탕으로 한 자료를 리더들에게 나눠 주기도 한다. 어떤 리더들은 다른 종류의 성경공부 교재를 사용한다.

너무나 많은 리더들이 성경공부를 준비하는 데 모든 시간을 할애하곤 한다. 그 결과 다른 습관들을 키울 시간이 부족해진다. 쓸데없이 시간을 낭비할 필요가 없다. 다른 사람들이 준비해 놓은 도구들을 채택하여, 조금만 시간을 들여 그것들을 당신의 그룹에 적용하면 된다.

준비 시간의 질을 향상시키기 위한 제안

• 예비 리더와 함께 준비하라. 이것은 그들을 멘토링하는 좋은 방법이며, 그들을 통해 신선한 관점과 새로운 아이디어를 얻을 수도 있다.

• 준비하는 날에는 금식을 하라.

• 준비하는 시간을 정해 놓고 지켜라. 매주 정해진 시간에 그룹 모임을 준비하라. 그 시간을 아무것도 방해할 수 없는 신성한 시간으로 여겨라.

• 동일한 장소를 이용하라. 그곳에 당신에게 필요한 도구들을 구비해 두라. 그러면 준비하는 데 필요한 시간을 더 잘 활용하는 데 도움이 될 것이다.

준비 시간을 단축하는 비결

• 예비 리더와 다른 멤버들을 훈련시키고 활용하여 모임의 각 부분을 인도하게 하라. 특히 나눔 시간이나 기도 시간에 그렇게 하면 좋다.

• 계획을 따르라. 대부분의 그룹들이 환영, 예배, 말씀, 증거의

순서를 사용한다.

• 미리 써 놓은 계획을 따름으로써 말씀 토의 준비 시간을 단축하라. "자, 우리는 이번 주에 무엇을 해야 할까요?"라고 질문할 시간이 없다.

• 교회에서 제공하는 자료들을 활용하라.

• 이미 쓰여진 수업 지침서를 활용하라.

매주 모임을 준비하는 시각은 _____ 시이다.

준비 시간은 일주일에 _____ 분으로 한다.

내가 모임을 준비할 장소는 _____이다.

■ 마음을 준비하기 위한 질문

• 고백해야 할 죄가 있는가?

• 나의 삶에서 성령께 지배권을 드렸는가?

• 한 그룹과 그 안에 속한 모든 사람들을 인도할 기회를 주신 것에 감사하는 마음이
  있는가?

• 매일의 삶 속에서 성경의 교훈을 실천하며 살려고 하는가?

• 내게 바로잡아야 할 관계들이 있는가?

소그룹 리더의
개인 준비 계획표

■ **모임 일정 준비**

• **장소**

• **환영**

    – 간식

    – 인사

    – 마음 열기

• **예배**

    – 찬양

    – 감사

    – 찬미의 기도

• **말씀**

    – 도입 질문

    – 토의를 위한 질문

    – 적용 질문

• **증거**

    – 서로를 위해 기도하기

    – 그룹이나 교회에 초청하려 하는 사람들을 위해 기도하기

    – 결석자들과 접촉하기 위한 계획 세우기

    – 다음 친목 활동 계획하기

    – 교회 활동 장려하기

    – 교회와 교회 리더들을 위해 기도하기

6 멘토: 예비 리더의 멘토가 되라

짐(Jim)은 몇 년 동안 한 그룹을 잘 인도해 왔다. 멤버들의 필요를 잘 채워 주는 힘 있는 그룹이었다. 그러나 그는 멘토링할 예비 리더를 찾지 못했고, 그래서 그 그룹은 배가하지 못했다. 그러던 중 짐이 병에 걸렸다. 그의 몸 상태로는 더 이상 그의 그룹을 인도할 수 없었다. 그의 자리를 대신하기 위해 멘토링을 받은 사람이 없었기 때문에 그의 그룹은 곧 없어졌다. 되돌아보면 짐은 모든 것을 잘했지만 단 한 가지, 예비 리더를 멘토링하지 않은 것이 문제였다.

로드(Rod) 역시 몇 년 동안 한 그룹을 잘 인도해 왔다. 멤버들의 필요를 잘 채워 주는 힘 있는 그룹이었다. 로드는 스코트(Scott)라는 예비 리더를 멘토링했다. 로드가 새로운 그룹을 개척하려 할 때 스코트가 뒤를 이어받았다. 그 그룹은 계속 성장해 갔다. 몇 년 동안 스코트는 또 다른 예비 리더들을 멘토링했다. 마이크(Mike), 마크

(Mark), 데이브(Dave), 데일(Dale), 자말(Jamal)이었다. 마침내 그들도 그들 자신의 그룹들을 이끌게 되었다. 또 그들의 예비 리더들 중 다수가 리더가 되었다. 마이크와 자말은 계속해서 새로운 교회들을 개척해 나갔다. 로드와 스코트는 멘토링을 우선순위로 삼고 여러 번 그룹을 배가시켰다. 성공하는 소그룹 리더들은 예비 리더들을 멘토링하는 습성을 지니고 있다.

성공하는 소그룹 리더의 여섯 번째 습관
예비 리더의 멘토가 되라.

바통은 계속 전달되어야 한다

몇 년 전에 트랙 경기를 한 적이 있다. 경기에 대한 가장 즐거운 기억 중 하나는 릴레이 경주였다. 릴레이 경주의 과제는 네 명의 주자들이 차례대로 최대한 빨리 바통을 이어받아 트랙을 도는 것이다.

기독교 사역과 릴레이 경주 간에는 많은 유사점들이 있다. 릴레이 경주에서는 주자들이 서로 바통을 주고받아야 한다. 기독교 사역에서는 한 사람에게서 다른 사람에게로 복음이 전달되어야 한다. 릴레이 경주에서 바통을 전달하기 위해서는 집중과 소통이 필요하다. 기독교 사역에서 사람들을 훈련하는 일도 집중과 소통을 필요로 한다.

릴레이 경주는 선수 한 명이 빨리 달린다고 해서 이길 수 있는 것이 아니다. 이기기 위해선 네 명의 주자들이 함께 협력해야 한다. 기독교 사역에서도 은사를 가진 한 개인이 모든 일을 해낼 수 없다. 이 세상에 그리스도를 전하려면 우리 모두가 각자 맡은 역할을 해야 한다. 릴레이 경주에서는 바통을 넘기는 사람과 받는 사람 둘 다 자신의 역할을 다해야 한다. 기독교 사역에서도 메시지를 전하는 사람과 받는 사람이 모두 자신의 역할을 다해야 한다. 릴레이 경주에서는 바통이 제대로 전달되지 않으면 결코 이길 수 없다. 기독교 사역에서도 우리가 다른 사람들을 훈련시키지 않으면 세상을 변화시킬 수 없고 다음 세대를 잃어버리게 될 것이다.

예수님은 제자들에게 바통을 전달하는 일에 삶을 바치라고 하셨다.

> 그러므로 너희는 가서 모든 민족을 제자로 삼아 아버지와 아들과 성령의 이름으로 세례를 베풀고 내가 너희에게 분부한 모든 것을 가르쳐 지키게 하라 볼지어다 내가 세상 끝날까지 너희와 항상 함께 있으리라 하시니라(마 28:19~20).

바울은 디모데에게 바통을 전달하라고 했다. 재미있는 것은 한 '세대'가 다음 세대에게 바통을 전달하는 모습을 묘사하고 있다는 것이다. 한 구절 안에 네 부류의 사람들이 등장한다.

> 또 네가 많은 증인 앞에서 내게 들은 바를 충성된 사람들에게 부탁하라 그들이 또 다른 사람들을 가르칠 수 있으리라(딤후 2:2).

- 나: 바울
- 너: 디모데
- **충성된 사람들**: 디모데의 훈련생들
- **또 다른 사람들**: 디모데의 훈련생들의 훈련생들

바울은 후임자가 없으면 사역이 계속해서 성공할 수 없다는 것을 알았다. 성공하는 소그룹 리더의 타협할 수 없는 습관 중 하나가 예

비 리더들을 멘토링하는 것, 미래의 그룹들을 이끌어 갈 리더들을 양성하는 것이다.

진정한 멘토링

| 하나님과 협력하여 예비 리더를
유능한 소그룹 리더로 키우는 것이다 |

이 장에서 멘토에 대해 이야기할 때는 특별히 또 다른 소그룹 리더들을 키워 내는 소그룹 리더에 대해 말하는 것이다. 이것이 부담스럽게 들릴지도 모르지만, 영적인 번식가들을 키워 내는 것은 하나님의 뜻이다. 당신이 할 일은 그 과정에서 하나님과 협력하는 것뿐이다.

| 예수님과 바울의 본을 따르는 것이다 |

복음서를 공부하다 보면 멘토링이 예수님의 방법이라는 것을 알게 된다. 그리스도인의 삶의 목적은 예수님처럼 되는 것이다. 그리스도인이 제자들을 만들고 리더들을 키울 때만큼 예수님을 닮을 때가 없다. 예수님은 제자들에게 그들의 제자들을 키우라고 말씀하시기 전에 먼저 친히 그 일을 행하셨다. 바로 사람들이 예수님의 방법이었다. 이 장에서 보게 되겠지만, 예수님은 미래의 리더들을 멘토링하시면서 사역 기간을 보내셨다.

멘토링은 또한 바울의 방법이었다. 바울은 그가 그리스도를 따르듯이 고린도 교회 성도들에게 자신을 따르라고 했다. 바울이 그리스도를 따른 방법 중 하나가 리더들을 멘토링하는 것이었다. 그가 죽임을 당했을 때 사역은 중단되지 않았다. 디모데, 실라, 디도, 그리고 다른 이들이 계속해 나갔기 때문이다.

| 다른 사람들을 사랑하는 훌륭한 방법이다 |

다른 사람들을 사랑해야 하는 의무에 대해 생각하면 마음에 약간의 부담감이 생긴다. 나는 수많은 사람들을 알고 있기 때문이다. 어디에 나의 사랑을 쏟고 있는가? 나는 내가 멘토링하는 사람들에게 사랑을 쏟으려고 집중적으로 노력하는 법을 배웠다. 그러면서 예비리더들을 멘토링하는 것은 많은 사람들을 전도하기 위해 소수에게 '사랑'을 집중적으로 쏟는 것임을 알게 되었다.

사랑은 다른 사람들에게 가장 좋은 것을 행하는 것이다. 다른 이들이 성공하도록 돕는 것만큼 그들에게 좋은 것이 없다. 멘토링은 순수한 의미에서 다른 사람들이 성공하도록 능력을 부여하는 것이다.

자신의 분신을 만드는 수단이다

동시에 두 장소에 있을 수 있다면 얼마나 좋을까 하는 생각을 할 때가 얼마나 많은가? 멘토링은 바쁜 사람이 한번에 여러 곳에서 사역할 수 있는 유일한 방법이다.

예를 들어, 나는 15년 전에 소그룹을 하나 시작했다. 그때 나는 그 한 그룹 안에만 있을 수 있었다. 그러나 그 그룹 내의 사람들을 멘토링하여 소그룹 리더들을 낳았다. 또 그 그룹의 많은 이들이 최근 몇 년 동안 그룹의 리더들을 양육했다. 지금은 처음의 그룹에서 파생된 그룹이 100개 가까이 된다. 그러니 어떤 의미에서 지금 나는 동시에 100곳에 존재하는 것이다!

| 평범한 한 사람이 수천 명에게 접근할 수 있는 방법이다 |

배가의 힘을 과소평가하지 말라. 1장에서 본 것처럼 처음 몇 번의 분열은 그리 인상적이지 않다. 한 사람이 두 사람이 되고, 두 사람이 네 사람이 된다. 그러나 번식가들이 또 다른 번식가들을 키워낼 때 영향력이 배가한다. 서서히 4명이 8명이 되고, 16명, 32명, 64명이 된다. 그때 영향력은 64에서 128로, 256, 512로 폭발적으로 증가한다. 그리고 리더들의 10번째 분열에 이르면 한 사람이 무려 1,024명이 된다!

당신은 "나는 절대로 천 명을 섬길 수 없습니다"라고 말할 것이다. 하지만 당신이 능력 있는 소그룹 리더라면 누군가 다른 사람이 리더가 되도록 멘토링할 수 있다. 그리고 한번에 한 사람의 유능한 리더를 멘토링함으로써, 결국 당신이 훈련시킨 리더들의 사역을 통해 수천 명의 사람들을 섬길 수 있게 된다. 유능한 멘토들은 자신들을 배가시켜 다른 리더들을 낳지 않으면 열매를 배가시킬 수 없다는 것을 알고 있다.

| 제자 삼는 마음이다 |

예수님이 '제자 삼으라'고 명령하신 것은 단지 사람들에게 성경을 가르치라고 명령하신 것이 아니다. 예수님은 사람들을 가르쳐 그들이 또 다른 사람들을 가르칠 수 있게 하라고 명령하셨다. 우리는 그들을 훈련시켜 사역을 하도록 해야 한다. 소위 제자훈련이라고 하는 많은 것들이 지식을 습득하는 데만 치우쳐 있다. 멘토링은 예비 리더들이 지식을 얻고 그것을 활용해 다른 사람들을 인도하도록 돕는 것이다.

| 경건한 책임을 이어 가는 방법이다 |

멘토링은 멘토와 예비 리더 사이에 책임감이 있을 때 효과적이다. 이 책임감은 한 그룹을 인도하는 법을 배우겠다는 기대에서부

터 개인적인 헌신과 약점들을 다루는 데까지 확장된다. 멘토링은
자연스럽게 책임감 있는 관계를 만들어 낸다.

| 다른 사람들이 사역을 하도록 자신이 사역을 놓는 것이다 |

사람들이 자신의 사역이 성장해 가는 모습을 보지 못하는 이유는
그 사역을 너무 꼭 붙잡고 있기 때문이다. 그들은 사역과 사랑에 빠
진다. 사람들의 필요를 채워 주고 그들이 성장하는 모습을 보며 즐
거워한다. 때로는 멤버들이 자신을 필요로 한다는 사실에서 자존감
을 얻기도 한다.

혼자 사역하는 것의 문제는 다른 '사역자들'을 키워 내지 못한다
는 것이다. 사역은 당신에게서 끝난다. 반면에 성공적인 멘토링은
다른 사람들이 사역을 하도록 자신이 사역을 내려놓는 것을 뜻한
다. 하나님이 자신을 사용하여 사람들을 변화시키시는 것을 보는
즐거움을 다른 사람들도 맛보게 해 주는 것이다. 유능한 멘토들은
자신의 사역이 성공하는 것만큼, 또는 그 이상으로 다른 사람들의
사역이 성공하는 것을 보고 즐거워하는 법을 배운다.

| 잠재적으로 중요한 일에 "예"라고 말하기 위해
긴급한 일에 "아니오"라고 말하는 것이다 |

사탄은 우리를 그리스도로부터 멀어지게 하려고 안간힘을 쓴다.

일단 우리가 그리스도 안에 있으면 우리를 사역에서 멀어지게 하려고 온갖 짓을 다한다. 우리가 사역을 하고 있으면, 멘토링을 하지 못하게 하려고 안간힘을 쓴다. 사탄은 하나님 나라를 확장하는 멘토링의 어마어마한 잠재력을 알기 때문이다.

우리의 멘토링을 훼방 놓기 위해 사탄이 가장 즐겨 사용하는 방법 중 하나는 긴급한 일들에 정신이 팔려서 잠재적으로 중요한 일들을 놓치게 만드는 것이다. 우리는 긴급한 사역에 전념하느라 리더들을 멘토링하지 못한다. 그것이 정말 중요한 영역인데 말이다. 성공하는 소그룹 리더들은 다른 모든 일을 하는 중에도 멘토링을 우선순위로 삼는다.

| 소그룹 지도력을 오랫동안 지속시켜 준다 |

나는 20년 넘게 그룹들을 인도해 왔다. 그런데 지금 기억하는 것은 내가 인도했던 그룹들이 아니라 내가 키워 낸 리더들, 특히 다른 사람들을 성공적으로 멘토링하고 있는 리더들이다. 내가 멘토링한 사람들 중에는 교회 리더들, 목회자들, 풀타임 교회 개척 선교사들이 있다. 그들의 사역은 내가 새로운 사역지로 떠난 후에도 오랫동안 계속되었다.

배가하는 리더들과
번식가들을 길러 내는 7단계

| ❶ 당신이 번식시키고자 하는 것을 보여 주라 |

재생산을 할 수 있으려면 먼저 생산을 해야 한다. 유능한 리더를 만들려면 유능한 리더가 필요하다. 예비 리더들은 우리가 하는 말보다 그들이 보는 것에서 더 많이 배운다. 8가지 습관들을 실천할 유능한 소그룹 리더들을 키워 낼 사람은 그 자신이 8가지 습관들을 실천하며 살아가는 리더이다.

8가지 습관들에 대한 개인적인 기록

- 나는 나의 그룹을 배가시키려는 꿈과 목표로 하는 시기가 있다.
- 나는 매일 질적, 양적인 기도 시간을 갖는다.
- 새로운 사람들을 나의 그룹에 초청하는 시간을 따로 정해 둔다.
- 정기적으로 우리 그룹 멤버들과 접촉한다.
- 매주 그룹 모임을 준비하는 시간을 갖는다.
- 유능한 그룹 리더로 만들기 위해 멘토링하고 있는 예비 리더가 있다.
- 나의 그룹이 정기적으로 친교 모임을 갖도록 인도하고 있다.
- 개인적인 성장과 건강을 위한 계획을 따르고 있다.

| ❷ 잠재적인 리더들을 발견하라 |

당신이 리더로서 성장해 갈 때 잠재적인 리더들을 찾으라. 모든 사람은 리더가 될 수 있다는 사고방식을 갖고 시작하라. 조엘 코미스키(Joel Comiskey)는 8개의 서로 다른 문화권에서 700명의 유능한 소그룹 리더들을 연구한 결과 이렇게 말했다. "성장하며 성공하는 소그룹을 인도할 잠재력은 타고난 재능이나 교육, 매력적인 성격에 있지 않다는 것을 발견했다. 그 무엇보다 해답은 노력에 있다."[1]

일에 대한 열정을 가지고 있는 사람을 보라. 잠재적인 리더를 발견하는 한 가지 방법은 소그룹 사역에 대한 열정을 가진 사람을 찾는 것이다. 여러 가지 책임들을 분배한 다음 누가 기회를 잡는지 보라. 모임에 불참한 사람들에게 연락하는 일을 당신의 멤버들에게 시켜 보라. 누가 자진하여 그 일을 하는지 보고, 실제로 누가 끝까지 그 일을 완수하는지 보라. 그 일을 해내는 사람들이 잠재적인 리더들이다.

기도하라. 예수님은 제자들에게 "추수하는 주인에게 청하여 추수할 일꾼들을 보내 주소서 하라"(마 9:38)고 하셨다. 매일 당신의 멤버들을 위해 기도할 때, 예비 리더가 될 만한 사람을 보여 달라고 기도하라. 하나님은 당신이 멘토의 눈으로 사람들을 보도록 도와주실 것이다. 또 하나님은 당신이 누구를 멘토링하기 원하시는지 보여 주실 것이다.

어떤 사람들은 그저 예비 리더를 찾을 수 없다고만 말한다. 나로서는 믿기 힘든 말이다. 내가 훈련시킬 사람을 보내 달라고 기도할 때마다 하나님은 보내 주셨기 때문이다. 예를 들면, 대학교 2학년생이던 해의 마지막 다섯 달 동안 하나님은 기도에 응답해 주셔서 영적 성장을 도울 소수의 사람들을 내게 보내 주셨다. 그 이듬해에 그들은 모두 자신들의 그룹을 갖게 되었다. 소수의 사람들을 훈련시키는 것부터 시작하라. 그러면 훈련생들이 명백하게 드러날 것이다.

당신에 의해 성장할 가능성이 높은 사람들을 찾음으로써 범위를 좁혀라. 누구나 리더가 될 수 있지만, 모든 사람이 당신 밑에서 훈련생이 될 준비가 되어 있는 것은 아니다. 잠재적인 예비 리더들을 찾을 때 세 가지 C를 적용하라.

• Compatibility(적합성) – 예수님은 12명의 제자를 선택하실 때 '자기가 원하는 자들'을 부르셨다(막 3:13). 그는 멘토링이 함께 시간을 보내는 것을 의미한다는 사실을 아셨고, 그래서 함께 시간을 보내고 싶은 이들을 선택하셨다. 멘토링을 하려면 함께 시간을 보내야 한다. 그런데 요즘처럼 바쁜 세상에, 서로 잘 맞고 서로 좋아하지 않으면 시간을 함께 보내게 되지 않는다. 당신이 함께 있고 싶은 사람들, 또 당신과 함께 있는 걸 좋아하는 사람들을 선택하라.

• Character(성품) – 바울은 디모데에게 성품을 근거로 리더들을 선택하라고 했다(딤전 3:1~9). 리더가 되기 위해 필요한 성품의 필수 요소들에 관해서는, 믿음(faith)의 사람들, 그리고 F.A.I.T.H.를 가진 사람들을 찾으라.

– Faithful(충성된 사람들) 바울이 디모데에게 잠재적 리더들

안에서 찾으라고 했던 첫 번째 자질은 충성이었다(딤후 2:2). 그룹 모임을 우선순위로 삼는 사람들을 주목하라. 개인 경건의 시간에 충실한 사람들을 눈여겨보라. 과제를 끝까지 수행하는 사람들을 지켜보라.

　-Available(당신과 만날 시간이 있는 사람들) 당신은 당신과 함께 시간을 보낼 수 없는 사람을 멘토링할 수는 없다. 정기적으로 당신과 함께 시간을 보낼 수 있는 훈련생들을 선택하라.

　-Initiative(솔선하는 사람들) 스스로 도우려 하고, 좀 더 깊이 관여하려 하고, 아이디어를 내고, 활용할 수 있는 사람들을 찾으라. 리더십의 정의 중 하나는 '꼭 이루어져야 할 일이 이루어지도록 솔선하는 것'이다.

　-Teachable(가르칠 수 있는 사람들) 이미 자기가 모든 것을 알고 있다고 생각하는 사람에게는 당신이 큰 도움이 될 수 없다. 배움에 갈급한 사람들을 찾아 당신의 삶을 그들에게 쏟아부으라.

　-Honest, Open, and Transparent(정직하고, 솔직하고, 투명한 사람들) 진심으로 마음을 열지 않고 정직하지 않은 사람들과 함께 사역하다 보면 점점 더 실망하게 될 것이다. 자신의 죄와 결점, 실패와 실수 등을 감추려 하지 않고 인정할 수 있는 사람을 선택하라. 잘못했을 때 그것을 인정하는 사람들을 선택해야 한다.

• Competency(역량) - 하나님은 이드로를 통해 모세에게 능력 있는 사람들 곧 그 일을 할 수 있는 사람들을 선택하라고 말씀하셨

다(출 18:21). 누구나 리더가 될 수 있지만, 모든 사람이 올바로 인도할 수 있는 것은 아니다. 예수님은 거라사인 지방의 귀신들린 자에게 집으로 돌아가 그곳에서 일하라고 하셨다. 그는 아직 예수님이 제자들에게 요구하시는 신앙적 헌신을 할 준비가 되어 있지 않았기 때문이다(막 5:19).

어쩌면 그들의 직장이나 가정 형편이 지금 그들을 제한하고 있는지도 모른다. 어쩌면 성경에 대한 이해가 좀 더 자라야 할지도 모른다. 또는 그들이 대인관계 능력을 좀 더 키워야 할지도 모른다.

| ❸ 잠재적 리더들과 더 깊은 관계를 가지라 |

작가 빌 헐(Bill Hull)은 이렇게 말했다. "당신이 그리스도를 위해 몇몇 사람들과 진심으로 친해질 마음이 없다면, 당신은 제자훈련에 반드시 필요한 영향력을 충분히 미치지 못할 것이다."[2]

잠재적인 리더들을 발견하면 그들을 더 잘 알아 가기 위해 노력하라. 모임 밖에서 그들과 함께 시간을 보내는 것부터 시작하라. 한 사람과의 관계가 좋아질수록 그 사람에 대한 사역, 그리고 그 사람과 함께하는 당신의 사역이 더욱 효과가 있을 것이다. 단지 그 사람의 약점을 인식하는 정도가 아니라 당신이 그 약점들을 지적해도 그들이 믿고 받아들일 수 있을 만큼 가까워져야 한다.

• 함께 기도하라. 하나님의 보좌를 둘러싸고 귀한 시간을 함께 보내는 것보다 사람들을 더 가까이 밀착시키는 것이 없다. 이를 통해 상대방의 마음을 알게 된다. 또 하나님과 사역에 대한 당신의 마음을 상대방이 알게 된다. 우리가 함께 기도할 때 하나님이 역사하신다.

• 함께 즐거운 시간을 보내라. 소그룹 모임 밖에서 함께 시간을 보낼 수 있는 기회를 모두 활용하라. 당신이 예비 리더와 함께할 수 있는 일들은 많이 있다. 나가서 그것들을 하라! 함께 식사하는 것, 서로의 집을 방문하는 것, 함께 행사에 참여하는 것, 또는 함께 운동하는 것 등이 있을 수 있겠다. 두 사람이 함께한다면 무엇을 하는지는 중요하지 않다.

| ❹ 비전을 보여 주라 |

하나님이 당신의 훈련생이 되기를 원하신다고 생각되는 사람을 발견했으면, 함께 시간을 보내며 비전을 보여 주라. 많은 사람들이 능력 있는 리더들을 모집하고 멘토링하는 데 실패하는 이유는 비전을 보여 주어야 할 필요성을 간과하기 때문이다. 사람들은 하나의 프로그램을 위해 자신의 삶을 바치지는 않지만 하나의 비전을 위해서라면 목숨을 바칠 것이다.

멘토링을 시작하면서 멘토는 초기에 자주, 능력 있는 소그룹 리더가 됨으로써 세상을 변화시키는 비전을 함께 나누어야 한다. 느헤미야가 심한 압박에도 불구하고 사람들을 계속 일하게 만든 것은 정기적으로 예루살렘 성벽 재건의 비전을 나누었기 때문이다. 예비 리더에게 동기부여가 되지 않는다면 그것은 비전이 없기 때문이다.

나누어야 할 비전의 몇 가지 요소들

- 교회의 비전
- 리더들과 그룹들을 번식시키는 비전
- 변화를 가져올 잠재력에 대한 비전

한번은 어느 저널리스트가 유럽에서 큰 성당을 짓는 것을 지켜보고 있었다. 그때 그의 시선을 사로잡은 두 벽돌공이 있었다. 한 명은 마지못해 하는 양 건성으로 일했다. 다른 한 명은 아주 활기차고 꼼꼼하게 일했다. 저널리스트가 그들에게 "지금 뭘 하고 계십니까?"라고 물었다. 첫 번째 사람은 어깨를 으쓱하며 말했다. "벽돌 쌓고 있잖아요." 두 번째 사람은 미소를 지으며 말했다. "웅장한 성당을 짓고 있습니다." 비전이 그런 차이를 만들어 낸 것이다.

| ❺ 헌신의 결단을 내리게 하라 |

예수님은 제자들을 부르셨을 때 그들이 해야 할 헌신을 설명하셨다. 먼저 예수님이 어떤 분이신지를 알게 하셨다. 그런 다음, 사람을 낚는 어부의 비전을 주셨다. 사람을 낚는 어부의 비전은 두 가지 헌신을 필요로 했다. 제자들의 헌신은 예수님을 따르는 것이었고, 예수님의 헌신은 그들을 사람 낚는 어부로 만드시는 것이었다(막 1:16-20).

너무나 많은 리더들이 좋은 의도를 갖고 있지만 예비 리더들을 키우는 일에 어려움을 겪고 있는 것은, 헌신을 요구하지 않기 때문이다. 명심하라. 당신이 헌신을 요구하지 않는다면 그들의 헌신을 얻을 수 없을 것이다.

그들에 대한 당신의 헌신을 설명하라

- 그들을 위해 먼저 본을 보이라
  - 그들을 위해 기도하라.
  - 그들에게 시간을 내주라.
  - 그들과 만나 대화를 나누라.
  - 그들을 위해 성장하는 그리스도인의 삶의 본을 보여 주라.
- 환영, 예배 등과 같이 효과적인 그룹 모임을 이끌기 위해 필요한 일들을 할 수 있도록 그들을 훈련시켜라.
- 성공하는 소그룹 리더의 8가지 습관들을 실천하도록 훈련시켜라.

소그룹의 예비 리더로서 그들이 해야 할 헌신을 설명하라

- 당신과의 만남 그리고 소그룹 코치와의 만남을 통해 헌신을 준비해야 한다 - 당신과 함께 모임의 여러 요소들과 행사들에 대해 논의할 수 있

도록 모임에 일찍 나와 늦게까지 있겠다는 약속을 받으라.

• 성공하는 소그룹 리더의 8가지 습관들을 실천하기 시작함으로써 예비 리더의 역할에 헌신해야 한다—6개월 동안, 또는 예비 리더가 그들 자신의 그룹을 인도할 준비가 갖춰질 때까지 8가지 습관들을 실천하게 하라.

• 다른 사람들을 멘토링하는 데 헌신해야 한다—바울은 디모데에게 충성된 사람들을 훈련시켜 또 다른 사람들을 가르치게 하는 데 전념하라고 했다(딤후 2:2). 당신의 예비 리더를 멘토링하기 시작할 때부터 그들 또한 배가하는 예비 리더들을 키워 내겠다는 기대를 갖게 하라. 배가시키는 자들을 멘토링하는 일에 헌신할 수 있도록 그들을 도와주라. 장차 그들의 예비 리더들에 대해 미리 그들과 함께 기도하라.

| ❻ 그들을 성장시켜라 |

그들이 예비 리더가 되기로 결단했으면, 이제는 그들을 훈련시켜 그룹을 이끌어 가게 해야 한다. 훈련되지 않은 상태에서 어떤 일을 하도록 요구해서는 안 된다. 우리는 성경에서 리더를 키우는 훈련과정 네 단계를 볼 수 있다. 이 단계들은 예수님과 열두 제자들의 사역에서 뚜렷이 나타났고, 바나바와 바울의 사역에서도 나타났다.

• 본을 보인다—예수님이 제자들에게 하신 것처럼, 당신이 사역하는 모습을 그들로 보게 하라(마 9:32~38). 예비 리더로 하여금 지금

활동 중인 유능한 소그룹 리더를 보게 하라. 바울과 바나바가 처음 사역지로 파송되었을 때는 바나바가 리더였다. 바나바는 사역을 했고 바울은 그것을 지켜보았다. 그들이 '바나바와 바울'로 기록되어 있는 것을 주목하라(행 13:1~5).

• 멘토가 된다─예수님이 제자들에게 하신 것처럼, 예비 리더들이 사역을 하게 하고 당신은 지켜보며, 도와주고, 잘못을 바로잡아 주고, 격려해 주라(마 10:1). 여행을 떠난 지 얼마 안 되어, 바나바는 바울에게 인도할 기회를 주기 위해 한 걸음 물러섰다. 그로부터 그들이 '바울과 바나바'로 기록되는 것을 볼 수 있다(행 13:6 이후).

• 동기를 부여한다─예수님이 제자들을 둘씩 짝지어 보내실 때처럼 그들에게 그 일을 맡기고 당신은 멀리서 격려해 주라(마 10:5). 마찬가지로 바울과 바나바가 또 다른 선교 여행을 준비할 때 바울은 자신의 사역을 수행할 준비가 되어 있었다(행 15:36~41).

• 배가시킨다─처음 열두 명의 제자들이 총 70명으로 늘어났고(눅 10:1), 그 다음엔 약 500명으로 증가했다(고전 15:6). 예수님이 승천하신 후에는 제자들의 수가 3,000명으로 증가했고(행 2:41), 그 다음엔 남자의 수만 5,000명(행 4:4), 그리고 나선 성경에는 제자의 수가 더 심히 많아졌다고만 기록되어 있다(행 6:7).

이와 비슷하게 바울은 곧 바나바의 도움 없이 사역을 하게 되었고, 실라(행 15:39~41)나 디모데(행 16:1~3) 같은 이들을 멘토링하기 시작했다.

리더는 후임자들을 적소에 배치할 때까지는 완전히 성공한 것이 아니다. 예비 리더가 다른 여섯 단계를 다 통과했으면, 이제 그를 사역지로 보낼 차례다. 이것은 당신의 사역에서 가장 흥분되는 순간 중 하나다. 당신이 인도하고 훈련시켜 온 누군가가 다른 이들을 인도하고 훈련시키는 것을 보게 되는 것이다. 이것은 엄청난 기쁨을 안겨 준다.

우리는 예수님의 사역에서 궁극적인 파송의 행위를 볼 수 있다. 예수님은 제자들에게 지상명령을 내리시고, 그들이 그 일을 완수하도록 맡기고 세상을 떠나셨다(행 1:8~9). 그때부터 예수님은 더 이상 육신으로 그들과 함께하지 않으셨다.

새로운 그룹을 탄생시키는 3가지 방법

새로운 그룹을 탄생시키는 비효과적인 방법은 많이 있겠지만, 하나의 그룹을 탄생시키는 한 가지 올바른 방법은 없다. 이제 내가 제시하는 3가지 기본적인 방법들은 어떤 형태로든 매우 효과적일 수 있고, 그 3가지를 결합하는 것도 매우 효과적일 수 있다.

| 분립시킨다 : 하나의 모체 그룹에서부터
동일한 크기의 두 그룹으로 나눈다 |

배가에 대한 비전을 모든 사람이 공유한다. 새로운 리더 또는 리더십 팀이 성장한다. 관계가 발전한다. 멤버들은 본래의 리더와 함께 남을 것인지, 아니면 새로운 그룹의 일원이 될 것인지를 선택할 수 있다. 목표는 두 그룹에 거의 똑같은 인원을 배치하는 것이다.

| 독립시킨다 : 모체 그룹에서 나온 핵심 그룹이
새로운 그룹을 시작한다 |

앞의 경우처럼 여기서도 배가에 대한 비전을 모든 사람이 공유한다. 새로운 리더십 팀이 성장한다. 멤버들은 본래의 리더들과 함께 남을 것인지, 새로운 그룹의 일원이 될 것인지를 선택할 수 있다. 그러나 꼭 인원을 똑같이 반으로 나누는 것을 목표로 하지는 않는다. 새로운 리더들은 모체 그룹으로부터 많은 사람들이 나오지 않아도 새로운 그룹을 시작할 수 있다는 것을 알고 있다.

| 개척한다 : 모체 그룹에서 나온 한 사람이 새로운 그룹을 개척하고
다른 사람들은 모체 그룹의 일원으로 남는다 |

개척자는 본래의 리더 혹은 새로운 리더가 될 수 있다.

우리는 세 번의 소그룹 시즌을 중심으로 소그룹을 조정한다. 가을 (9~12월), 겨울(1~4월), 그리고 여름(5~8월)의 각 시즌이 시작될 때면 주일 오전 예배를 통해 모든 출석 교인들을 소그룹에 편성한다. 이 때가 대부분의 새로운 그룹들이 자연스럽게 시작할 수 있는 때다. 우리는 새로운 그룹을 독립시키고 개척하기에 가장 좋은 시기가 가을이라는 것을 발견했다. 그리고 우리의 경우, 분립시키기에 가장 좋을 때는 겨울 시즌 초기였다.

멘토링을 위한 제안

- 절대로 혼자서 사역하지 말라.
- 교회가 제공하는 모든 훈련 기회들을 최대한 활용하라.
- 계속해서 새로운 리더들을 찾으라.
- 리더십을 부담이 아닌 특권으로 이야기하라.
- 당신 자신을 높이려 하지 말라. 그렇지 않으면 좋은 사람들이 리더십을 기피할 것이다.
- 누군가에게 리더가 될 것을 권하기 전에 책임을 부여해 보라.
- 어떤 직함을 주기 전에 항상 상위 리더들과 상의하라.
- 멘토링에 실패하는 것은 배가하지 못하는 것을 의미한다는 사실을 기억하라.

- 리더들이 성공할 가능성을 보일 때까지 그들을 파송하지 말라.
- 그룹 모임이 진행되는 동안 사역에 있어 점점 당신의 역할이 줄어들고 예비 리더의 역할이 늘어나게 하라.
- 각 단계마다 예비 리더들에게 칭찬과 격려를 아끼지 말라.

배가를 위한 제안

| 초기에 자주 배가에 대해 이야기하라 |

소그룹 모임 첫 주부터 바로 배가에 대해 도전하기 시작하라. 그룹의 목적 중 하나는 장차 새로운 그룹을 이끌어 갈 리더들을 키우는 것임을 설명하라. 적어도 한 달에 한 번은 당신의 모체 그룹에서 탄생할 새로운 그룹들에 대해 함께 기도하는 시간을 가져라. 사람들은 자신들이 준비되지 않은 일에 대해선 소극적이라는 것을 명심하라. 각 단계마다 항상 계획과 과정들을 멤버들에게 알려 주어야 한다.

| 배가에 대해 긍정적인 용어로 이야기하라 |

그룹을 '분산시킨다', '쪼갠다', '나눈다'고 말하지 말라. 대신 새로운 그룹들을 '탄생시킨다', '독립시킨다', '배가시킨다'고 말하고, 새로운 그룹들과 리더들을 '키우는 것'에 대해 이야기하라.

| 큰 그림을 가지고 배가에 대해 이야기하라 |

우리가 사는 대도시에는 교회에 다니지 않는 사람들이 85만 명이 넘는다. 20만 명 이상이 우리가 주일 예배를 드리는 곳에서 드라이빙 디스턴스(driving distance, 드라이버로 볼을 쳐서 멈춘 지점까지의 거리) 안에 살고 있다. 그런데 새로운 그룹이 탄생할 때마다 교회에 다니지 않는 사람들의 수가 줄어든다. 우리는 새로운 그룹들을 탄생시키는 것에 대해 이야기할 때 교회에 안 다니는 85만 명 이상의 사람들을 전도하는 것을 꿈꾸며 이야기한다.

나는 배가에 대해 이야기하기 시작할 때 종종 사람들이 저항하는 것을 발견했다. 그럴 때는 그들 가운데 1년 전에 우리 교회나 그룹에 속하지 않았던 사람이 얼마나 되는지 묻는다. 보통은 꽤 많다. 그런 다음 이렇게 묻는다. "1년 전에 우리 그룹에 있던 사람들이 너무나 이기적이어서 이 그룹 안에서 자신이 맡은 역할을 하지 않았다면 어떻게 되었을까요? 당신은 지금 어디에 있을까요?"

| 배가를 위한 최선의 방법과 최선의 타이밍에 대해 기도하라 |

때로는 올바른 결정을 내려도 시기가 적절하지 않을 수 있다. 어쩌면 그룹은 배가할 준비가 되었으나 새로운 리더들이 준비되지 않았을지도 모른다. 아니면 새로운 리더들은 준비가 되었으나 그룹이 준비되지 않았을 수도 있다. 또는 독립시키기에 안 좋은 시기일 수도 있다. 우리의 경우, 보통 여름은 그룹을 독립시키기에 좋은 시기가 아니다. 배가를 위한 최적의 시기를 발견하게 해 달라고 기도하라.

| 배가를 위한 시기를 정하라 |

배가시키는 시기를 정하는 것은 당신의 그룹을 배가시키는 꿈을 이루는 데 반드시 필요한 일이다. 배가하는 소그룹 리더들 700명을 조사한 조엘 코미스키(Joel Comiskey)의 말을 들어 보자.

> 자신의 목표를 알고 있는 셀 리더들, 즉 그들의 그룹이 언제 새 그룹을 탄생시킬지 알고 있는 리더들은 언제나 그렇지 못한 리더들보다 그룹을 배가시키는 빈도가 높다. 사실 셀 리더가 멤버들 모두 분명히 기억할 수 있는 목표를 정하지 못하면, 그의 셀을 배가시킬 확률은 50%다. 그러나 리더가 목표를 정할 경우, 배가시킬 확률은 75%로 증가한다.[3]

| 새로운 탄생을 축하하라 |

소그룹이 새로운 그룹을 낳을 준비가 되었을 때, 파티를 열어 친구들을 초대하라. 소그룹 목사들에게 새로운 그룹(들)과 리더(들)를 파송하는 특별 기도 시간을 인도해 달라고 부탁하라. 이것은 배가에 대한 비전을 다시 보여 줄 수 있는 좋은 기회가 된다. 어떤 교회들은 그들의 우선순위와 비전을 명확히 보여 주기 위해 이 순서를 공예배에 포함시키기도 한다.

개인적인 멘토링 계획표

내가 미래의 그룹들을 이끌어 갈 예비 리더로 멘토링하는 사람(들)은

--- 이다.

매주 멘토링하는 시간은 -----------------------------------

--- 이다.

멘토링 시간은 일주일에 _____ 분으로 한다.

멘토링 장소는 --

--- 이다.

그들과 함께 힘써야 할 멘토링 단계는 --------------------------

--- 이다.

팀의 그룹은 시작은 좋았지만 여세를 잃었다. 사람들은 모임에 참여하는 것에 점점 더 흥미를 잃어 갔다. 참석하는 횟수도 드문드문해졌다. 팀은 자신의 실망감을 그의 소그룹 코치에게 이야기했다. 코치는 간단한 질문을 던졌다. "가장 최근에 가진 그룹의 친교 활동은 어땠습니까?"

팀은 부끄러운 듯 말을 더듬었다. "저희는 그런 걸 해 본 적이 없는데요."

그의 코치는 가능한 친교 활동들에 대한 몇 가지 조언과 제안을 해 주었다. 그 결과 팀은 한 가지 활동을 해 보기로 약속했다. 그 주에 팀은 그 생각을 그룹 멤버들에게 이야기했다. 그가 사교적인 모임에 대해 언급하자 여자들이 생기를 띠었고, 슈퍼볼(Super Bowl, 매년 미국 프로 미식축구의 우승팀을 결정하는 경기) 파티를 이야기하자 남자들이 흥미를 보였다. 그것을 활용하여 새로운 사람들을 그룹에 끌어들이는 이야기를 할 땐 대화가 영적인 분위기로 흘러갔다.

　모임은 대성공이었다. 그룹은 사기를 되찾았고 다시 힘을 얻었다. 3명의 새로운 사람들이 들어왔고, 팀은 사교 모임과 친교의 가치를 알게 되었다. 성공하는 소그룹 리더들은 사교 모임의 힘을 최대한 활용한다.

성공하는 소그룹 리더의 일곱 번째 습관
멤버들 간의 친교 활동을 계획하라.

친교를 위한 사교적 모임의 힘

| 사교적 모임은 흥분과 관심, 참여도를 높인다 |

나는 사교적 모임의 가치를 이해했지만, 그것을 위한 계획을 세우기는 싫었다. 몇 년 전, 우리 그룹이 조금씩 생기를 잃어 가는 것을 발견했다. 나는 한동안 사교적인 모임을 갖지 않았다는 걸 깨달았다. 그래서 다음 주 모임 초반에 '나는 겨울이 싫어요 파티'를 열자고 제안했다. 사람들 모두 웃었다. 그때는 한겨울 오하이오의 춥고 눈 오는 날이었기 때문이다. 하지만 내가 진지하게 말하고 있음을 납득하자, 우리는 그것을 위한 계획을 세우기 시작했다.

나는 난방 온도를 높이자고 했고, 모두 여름 옷을 입고, 레모네이드를 마시며, 피크닉 음식을 먹자고 제안했다. 우리 그룹에 다이앤(Diane)이라는 아주 조용한 여성이 있었는데, 파티 이야기가 나오자 매우 활기를 띄었다. 그녀는 밝은 얼굴로 "전 파티를 좋아해요. 파티 계획을 세우는 데 저도 도울 수 있을까요?"라고 말했다.

그 파티는 매우 성공적이었고, 우리는 높은 출석률을 기록했다. 사람들은 웃으며 완전히 새로운 차원으로 마음을 열었다. 파티 이후로 몇 주 동안 사람들은 더 많은 친구들을 초청하기 시작했다. '그룹 모임이 정말 재미있고 사람들이 너무나 좋기 때문'이었다.

무엇보다도 친교 활동은 우리 그룹에 다시 불을 붙였을 뿐만 아니라, 예전에 조용하던 다이앤에게도 불을 붙였다. 그녀는 꾸준히 모임에 참석하게 되었고, 모임에 참석하는 대부분의 사람들을 잘 대접했다. 자신이 봉사할 영역을 찾았고, 심지어 남자친구까지 그룹에 데려왔다.

| 사교적 모임은 새로운 사람들의 관심을 끈다 |

친구들이나 가족들은 사교적인 모임을 통해 그룹에 관심을 갖게 되는 경우가 많다. 그들은 교회 예배나 그룹 모임엔 참석하지 않아도 사교적인 모임에는 올 수 있다. 사교적인 모임을 활용하여, 그리스도인들도 재미있을 수 있다는 것을 사람들에게 알리자. 우리가 그룹 안에서 발견한 사랑과 친밀함을 그들로 보게 하라. 믿지 않는 가족이나 친구들이 몇몇 그리스도인들을 알게 되면, 그룹 모임이나 교회 예배에 참석하는 다음 단계로 인도하기가 훨씬 더 쉬워진다.

| 사교적 모임은 진정한 교제를 실천할 수 있는 기회를 더 많이 갖게 해 준다 |

신약성경에 나오는 교제의 개념은 헬라어 코이노니아(koinonia)에서 유래한다. 그것은 함께 나눈다는 뜻이다. 좋은 소그룹 모임은 사람들이 예배를 함께 드리고, 서로의 짐을 나누고, 기도를 함께 하고, 말씀을 함께 나누도록 돕는다. 그리고 좋은 사교적 모임은 삶의 더 많은 부분들을 함께 나누게 한다.

나는 우리 남성 그룹이 아내와 아이들을 데리고 카누를 타러 갔던 그날을 영원히 잊지 못할 것이다. 이 여행을 통해 우리 그룹은 서로의 가족들과 함께하는 시간을 가졌을 뿐 아니라, 다른 환경 속에서 서로를 볼 수 있게 되었다. 그날 우리 중 많은 이들이 급류 속에서 배가 뒤집히는 역경을 함께했다. 또 많은 이들이 물에 빠진 나를 구해 내는 특권을 누렸다. 우리 그룹은 함께한 경험들을 통해 서로 훨씬 더 친밀해졌다.

좋은 사교적 모임을 갖는 동안 사람들은 그룹 모임에서는 나올 법하지 않은 이야기들을 나누곤 한다. 사람들은 다양한 면에서 함께 나누는 법을 배운다. 어느 날 밤 병원에 입원해 있는 한 여성도를 방문했던 일이 기억난다. 엘리베이터에서 내렸을 때 로비에서 아주 즐겁고 떠들썩한 소리가 들렸다. 모퉁이를 도니 그녀가 로비에서 멤버들에게 둘러싸여 앉아 있는 것이 보였다. 그녀가 그룹 모임에 갈 수 없기 때문에 멤버들이 다 함께 그녀를 찾아온 것이다. 그들은 그날 밤 아주 색다른 차원에서 삶을 나누었을 뿐 아니라, 그 재미있는 대화를 엿듣게 된 모든 사람들에게도 좋은 증거가 되었다.

그룹 안에서의 나눔은 보통 피상적인 것부터 시작한다. 사람들을 속히 더 깊은 나눔의 차원으로 인도하는 한 가지 방법이 바로 사교적 모임이다. 멤버들은 '실제 사람들'로서의 서로를 알게 된다. 래프팅을 하러 가거나 소프트볼 경기를 하면 그룹 모임에서는 좀처럼 볼 수 없었던 서로의 다른 면들을 보게 된다.

| 사교적 모임은 '서로 …하라'는 신약성경의 명령에
순종하는 기회들을 만들어 줄 수 있다 |

신약성경에는 '서로 …하라'는 명령이 21번이나 나온다. 믿는 자들에게 주어진 명령들인데, 우리가 하나님의 가족으로서 서로를 어떻게 대해야 하는지를 말해 준다. 그리고 함께 교제를 나누는 법을 알려 준다.

'서로 …하라'는 명령들을 포괄하는 명령은 서로 사랑하라는 것이다(요 13:34~35, 롬 13:8, 벧전 1:22, 요일 3:11, 3:23, 4:7, 4:11~12, 요이 1:5). 그러한 사랑의 표현은 다른 20개의 '서로 …하라'는 명령들 안에서 구체적으로 나타난다. 이 명령들 중 많은 것들이 그룹 모임 안에서 수행할 수 있는 것들이지만, 또한 사교적인 분위기에서 좀 더 다양하고 깊이 있게 수행할 수 있다. 이 목록을 보고 그룹 모임 밖에서 어떻게 실천할 수 있을지 생각해 보라.

- 서로 존경하라(롬 12:10).
- 시와 찬송과 신령한 노래들로 서로 화답하라(엡 5:19).
- 서로 마음을 같이하라(롬 12:16).
- 서로 복종하라(엡 5:21).
- 서로 비판하지 말라(롬 14:13).
- 서로 용납하여 피차 용서하라(골 3:13).
- 서로 받으라(롬 15:7).
- 서로 가르치며 권면하라(골 3:16).

- 서로 권하라(롬 15:14).

- 서로 권면하고 덕을 세우라(살전 5:11, 히 3:13, 10:25).

- 서로 문안하라(롬 16:16, 고전 16:20, 고후 13:12, 벧전 5:14).

- 서로 돌아보아 사랑과 선행을 격려하라(히 10:24).

- 같은 마음과 같은 뜻으로 온전히 합하라(고전 1:10).

- 서로 비방하지 말라(약 4:11).

- 서로 종노릇 하라(갈 5:13).

- 서로 대접하라(벧전 4:9).

- 서로 용납하라(엡 4:2).

- 서로 겸손으로 허리를 동이라(벧전 5:5).

- 서로 친절하게 하며 불쌍히 여기며 서로 용서하라(엡 4:32).

- 빛 가운데 행하며 서로 사귀라(요일 1:7).

| 사교적 모임은 더 깊은 제자도를 위한 기회를 만들어 준다 |

예수님이 제자들과 함께하신 가장 중요한 순간들은 공식적인 자리가 아니라 사교적인 자리에서 있었다. 이 사교적인 상황이 가르침을 잘 받을 수 있는 분위기를 만들어 내, 위대한 진리를 보여 주거나 전달할 수 있었던 것이다. 몇 가지 예를 살펴보자.

- 결혼식장에서(요 2:1~10).

- 잔칫집에서(눅 5:29~32, 7:36~48).

- 배 위에서(눅 8:22~25).

- 장례식에서(요 11:17~44).
- 이삭을 잘라 먹을 때(마 12:1~8).
- 유월절 음식을 먹으며(마 26:17~28).
- 길을 걸으면서(눅 24:13~27).

예수님은 모든 기회를 활용하여 제자들을 가르치셨다. 사교적인 모임에서 일어났던 어떤 일들은 다른 상황에선 절대 일어나지 않았을 일들이다. 어떤 리더들은 사교적인 모임들을 활용하지 못해 멤버들을 가르칠 소중한 기회를 잃고 만다. 능력 있는 리더들은 사교적인 모임의 가치를 활용하여 멤버들을 훈련시킨다.

| 사교적인 모임은 새로운 사람들이 그룹과 교회에 정착하도록 도와준다 |

연구 결과에 의하면, 교회나 그룹 모임에 처음 온 사람들이 처음 7주 동안 7명의 친구들을 사귀지 못하면 결국 떠나게 된다고 한다. 소그룹과 사교적인 모임들이 이런 상황에 대한 자연스러운 해결책이 된다. 새로 온 사람들이 다른 멤버들과 친해지도록 도와주는 기회로 사교적인 모임들을 활용하라. 적어도 7주 동안 매주 여러 유형의 사교적인 모임들을 갖고, 새로운 사람들을 그 모임에 데려가는 일에 초점을 두라.

사교적인 모임과 친교 활동들을
효과적으로 활용하기 위한 제안

| '함께함'을 생각하라 |

이런 모임들의 핵심은 다양한 차원에서 교제를 나누는 것이다.
함께 공유하라. 모두가 함께하는 일이라면, 그 일이 무엇인가는 중
요하지 않다. 내가 인도했던 남성 그룹은 1년 동안 다양한 활동들
을 했다. 예를 들면, 페인트볼 게임(일명 서바이벌 게임)이라든가 볼
링, 농구 시합, 보드게임, 땅 밟기 기도, 프로농구 경기 관람, 영화
보기 등이었다. 중요한 것은 무엇을 하느냐가 아니라, 함께 그 일을
하고 있다는 사실이었다.

| 다양한 것들을 활용하라 |

매번 똑같은 것을 하지 말고 섞어서 해 보라. 다양한 사교 모임들
을 활용하라. 때로는 봉사를 위해, 때로는 팀의 단결을 위해, 때로는
순전히 재미를 위한 일들을 해 보라. 이번 달에 미망인이 사는 집의
잔디를 깎아 주었다면 다음 달에는 볼링을 치러 가는 식으로 말이다.
남자들만을 위한 이벤트도 해 보고, 여자들만을 위한 이벤트도 해 보
라. 가끔씩은 어린아이들도 참여시켜라. 한 해에 굵직한 사교적 활동
을 한두 가지 하고, 그 사이사이에 작은 활동들을 끼워 넣으라.

| 음식의 힘을 활용하라 |

나는 하나님이 우리를 매일 음식을 먹으며 시간을 보내야 하는 존재로 만드신 이유가 궁금했다. 그건 시간 낭비로 보였기 때문이다. 그러나 하나님은 또한 우리를 사회적인 존재로 만드셨다. 인간의 먹는 욕구와 사회적 상호작용에 대한 필요가 결합할 때, 교제의 질을 높이는 음식의 힘이 분명히 드러난다.

음식을 먹지 않고 그룹 모임을 가져 보라. 사람들은 그 모임에 대해 그리 열광적인 반응을 보이지 않을 것이다. 그런데 음식을 먹으면 좀 더 활기찬 모임이 된다. 평소와 다른 특별한 음식이 있으면 파티가 된다. 사람들은 그런 모임에 오고 싶어할 뿐 아니라, 친구들까지 데려올 것이다. 사교적인 모임과 친교 활동을 계획하고 있다면, 교제의 질을 높이는 음식의 힘을 활용하라.

| 당신 혼자 모든 일을 하지 말고 위임하라! |

당신의 리더십은 당신이 무엇을 할 수 있느냐를 보고 판단하는 것이 아니다. 그것은 당신이 다른 사람들을 통해 무엇을 이룰 수 있는지를 보고 판단할 수 있다. 조직을 세우는 은사와 접대의 은사를 가진 사람들이 있다. 그들을 풀어놓으라. 그들을 인정해 주고 지지해 주라. 그들이 그 일을 하게 하라.

| 미리 계획을 세워라 |

친교 활동이 한 달에 한 번 정도 돌아오게 하라. 사람들에게 그 활동을 언제 할 것인지 미리 알려 주고, 매주 그룹 모임에서 상기시켜라. 준비 기간을 넉넉히 갖고 미리 계획을 세워야만 활동을 주관하는 사람들이 충분히 준비할 시간이 있는 것처럼 느끼게 되고, 그룹의 다른 멤버들도 그 활동을 자신의 스케줄에 집어 넣을 수 있다. 행사 달력을 만들어 프린트해서 나누어 주면 좋다.

| 행사들을 그룹 모임과 결합시켜라 |

나는 대도시 주변에 살고 있다. 모두가 바쁘게 산다. 그래서 때로는 그룹 모임과 친교 활동을 결합시키는 것이 현명하다는 것을 알았다. 우리 그룹 모임 시간은 7시 5분에서 8시 40분까지다. '파티'를 할 때는 그것으로 마음 열기와 예배 시간을 대신하고, 성경공부와 기도 시간은 그대로 갖는다. 이렇게 모임을 가지면 참석률을 높이고 사기를 북돋는 데 도움이 된다. 최소한의 계획과 노력으로 최대의 효과를 낼 수 있다. 그리고 재미있는 그룹으로 만들 수 있다.

| 긴장을 풀고, 재미있게 놀고, 서로 즐기라 |

때로는 덜 구조화된 틀 안에서 관계가 가장 쉽게 형성된다. 모든 활동을 완벽하게 진행하는 것에 대해 걱정하지 말아라. 다른 사람들과 함께하는 것에 초점을 두고 즐기면 된다. 우리의 목적은 재미있는 시간을 갖고 함께하는 것임을 사람들에게 상기시켜라. 염려를 내려놓고 멤버들이 마음을 열고 함께 웃는 모습을 지켜보라.

가능한 사교적 모임과 친교 활동들

다음은 우리 교회의 그룹들이 수년간 사용해 온 52가지 친교 모임들의 목록이다. 이 목록은 완전한 것이 아니다. 여기에 포함되지 않은 좋은 활동들도 많이 있다. 이 중에서 어떤 것들은 당신의 그룹에 잘 맞지만, 그렇지 않은 것들도 있을 것이다. 이것은 당신의 그룹을 위한 아이디어를 제공할 뿐이며, 이를 바탕으로 당신의 그룹에 맞는 활동들을 생각해 내고 실행할 수 있다. 중요한 것은 이 활동들을 함께하는 것이다.

1. 그룹 모임 초반부에 파티를 한다. 모두 음식을 가져오게 하고, 대화를 나누고 웃고 때로는 몇 가지 게임을 하는 시간으로 활용한다.
2. 그룹 소풍을 간다.
3. 야구 경기를 보러 간다.

4. 미망인의 집을 청소해 준다.

5. 교회 유아실에서 봉사한다.

6. 소프트볼 게임을 한다.

7. 결혼한 부부들끼리 밤데이트를 즐긴다.

8. 양로원에 방문하여 예배를 드린다.

9. 기독교 수양회나 세미나에 참석한다.

10. 자전거를 타러 간다.

11. 함께 야영을 한다.

12. 은퇴자의 잔디밭에서 풀을 베고 청소를 한다.

13. 무료 급식 시설에서 가난한 자들과 집 없는 자들에게 음식을 나누어 준다.

14. 주일 예배 때 안내를 하거나 주차 봉사를 한다.

15. 야외에서 요리를 해 먹는다.

16. 볼링을 치러 간다.

17. 배구 시합을 한다.

18. 집집마다 찾아가 성경책을 나눠 준다.

19. 단기 선교 여행을 떠난다.

20. 근사한 레스토랑에서 외식을 한다.

21. 장애인의 집에 지붕 공사를 해 준다.

22. 궁핍한 가정에 크리스마스 만찬과 선물을 가져다 준다.

23. 그룹 멤버가 콘서트에서 연주를 하거나 연극 공연을 하는 것을 보러 간다.

24. 하이킹을 한다.

25. 그룹 멤버의 이사를 돕는다.

26. 휴일에 파티를 연다.

27. 특별한 TV 프로그램을 본다.

28. 보드 게임을 한다.

29. 테마 파티를 열고 그에 맞게 옷을 입는다.

30. 박물관에 간다.

31. 크리스마스 캐럴을 부른다.

32. 축구 시합을 한다.

33. 쇼핑을 하러 간다.

34. 생일 파티를 한다.

35. 병원에 있는 멤버를 찾아간다.

36. 선교사님과 함께 국제적인 만찬을 갖는다.

37. 물건 찾기 게임(scavenger hunt)을 한다.

38. 철야 기도 모임을 갖는다.

39. 그룹 멤버의 가족 장례식에 참석한다.

40. 농구 시합을 한다.

41. 청소년 사역에서 상담자나 후원자로 섬긴다.

42. 가난한 사람의 집에 페인트칠을 해 준다.

43. 프리스비 골프(Frisbee golf)를 한다.

44. 쿠키를 굽는다.

45. 어린이 성경학교에서 함께 봉사한다.

46. 카누를 타거나 래프팅을 하러 간다.

47. 집들이나 헌정식을 한다.

48. 음악회에 간다.

49. 장애물 경기를 한다.

50. 페인트볼 게임(서바이벌 게임)을 한다.

51. 수영장 파티를 연다.

52. 땅 밟기 기도를 한다.

1. 52가지 친교 활동들의 목록을 읽으라. 당신에게 흥미 있게 들리는 몇 가지에 동그라미를 해 보라.

2. 첫 번째 활동 계획을 세우고 성공적으로 해내라.

3. 두 번째 활동에 들어가기 전에, 멤버들에게 목록을 읽어 주라. 그들이 해 보고 싶은 다른 아이디어들이 있는지 물어보라.

4. 평균 한 달에 한 번꼴로 임시 친교 활동 스케줄을 짜 놓으라. 간단한 활동들을 묶으면 좀 더 풍성한 친교 활동으로 만들 수도 있다.

5. 사람들이 팀을 이루어 모임을 주관하거나 멤버 개개인이 친교 활동 하나씩을 주관하게 하라. 그들이 직접 공을 가져와서 뛰게 하라.

성장: 개인적인 성장에 전념하라

웨즈(Wes)는 훌륭한 소그룹 리더다. 그는 새로운 사람들을 초청하고 멤버들과 접촉하는 일을 아주 잘했다. 몇 명의 예비 리더들을 양육하여, 그들 또한 능력 있는 소그룹 리더들이 되었다. 그는 사역하는 것이 좋았고, 헌신적으로 섬겼다.

그런데 몇 년 후, 그는 공허감을 느끼기 시작했다. 그의 그룹은 점점 활기를 잃었다. 동시에 그는 건강과 체중에 관련된 몇 가지 문제들을 겪게 되었다. 집에서도 항상 행복하지 않았다. 자녀들은 영적으로 방황하기 시작했고 어리석은 선택들을 했다. 그는 항상 피곤했고 명랑한 성격이 점점 자취를 감추었다. 하나님에 대한 열정도 없어졌고, 도대체 뭐가 잘못됐는지 알 수가 없었다.

그의 소그룹 코치가 개인적인 성장 계획을 세워 보라는 도전을 했다. 그 계획 안에는 그의 영적인 탱크를 항상 가득 유지하기 위한 활동들이 포함되었다. 그리고 그에게 꼭 필요한 다이어트와 운동도

포함되었다. 아내와 자녀들에게 정기적으로 시간을 투자하는 것도
포함되었다. 그는 다시 성장하기 시작했다. 몇 달 만에 웨즈는 훨씬
더 좋아진 것을 느꼈다. 가정에서도 상황이 좋아지기 시작했다. 그
의 사역에 다시 불이 붙었고, 그의 능력은 완전히 새로운 차원으로
나아갔다.

성공하는 소그룹 리더는 자신의 개인적인 성장에 투자하는 것의
가치를 배워야만 한다. 그렇지 않으면 장기간 동안 소그룹 리더로
섬길 수 없을 것이다.

성공하는 소그룹 리더의 8번째 습관
개인적인 성장에 전념하라.

개인적인 성장에 대한 통찰

| 개인적인 성장은 하나님이 우리에게 기대하시는 것이다 |

하나님은 우리가 성장하기를 기대하신다. 우리가 항상 그리스도를 위해 능력 있게 사역하기 위한 인격과 방법을 계발하기를 기대하신다.

우리가 개인적인 성장에 주의를 기울여야 하는 이유는 하나님이 우리에게 그것을 기대하시기 때문이다. 하나님은 '오직 우리 주 곧 구주 예수 그리스도의 은혜와 그를 아는 지식에서 자라 가라'(벧후 3:18)고 하시며 우리에게 성장하라고 명령하신다. 바울은 디모데에게 경건에 이르도록 자신을 연단하는 것이 그리스도를 위한 능력 있는 사역의 핵심 요소라고 말했다. 또한 전심전력하여 그의 성숙함을 모든 사람에게 나타내라고 명령했다(딤전 4:7, 15).

| 개인적인 성장은 그룹의 변화와 성장의 원천이다 |

세상에는 우리가 제어할 수 없는 것들이 대부분이다. 당신이 직접적으로 개선할 수 있는 것은 당신 자신뿐이다. 당신 자신을 개선할 때 상황도 좋아질 것이다. 당신이 리더로서 성장할 때, 하나님이 당신을 통해 당신의 그룹과 당신의 사람들을 성장시키실 수 있다. 그러므로 그룹을 변화시키는 열쇠는 바로 리더를 변화시키는 것이라 할 수 있다. 리더를 성장시킴으로써 그룹을 성장시켜라. 리더를 개선시킴으로써 그룹을 개선시키라.

| 개인적인 성장은 쇠퇴를 막는다 |

나는 블루릿지 산 가장자리에 있는 버지니아 중심부에 살았었다. 어느 겨울에는 이례적으로 눈이 많이 와서 온통 빙판이었다. 어느 날 저녁에 교회 사람들 몇 명을 방문하려 하는데 눈이 내렸다. 당시 나는 운전이 많이 미숙했는데, 그들의 집에 가려면 가파른 언덕길을 올라가야 했다.

언덕에 이르렀는데 힘이 부족해서 오르막길의 3분의 1 지점에서 차가 멈추었다. 그러자 아주 무서운 일이 벌어졌다. 차가 멈춘 상태로 있는 게 아니라 밑바닥까지 뒤로 죽 미끄러져 내려가기 시작한 것이다. 두 번째는 언덕을 오르기 전에 좀 더 속도를 냈다. 그러나 오르막길의 3분의 2 지점쯤에서 차는 다시 멈추었다. 거기서 멈추니 차가 그대로 있을 리가 없었다. 다시 밑바닥까지 죽 미끄러져 내려왔다. 세 번째는 어떻게든 전진하려고 애썼더니 결국 꼭대기에 이를 수 있었다.

그날 밤에 나는 두 가지 중요한 교훈을 배웠다. 첫째, 위험한 비탈길에서는 절대로 전진을 멈추면 안 된다. 둘째, 버지니아 중심에 살고 있다면 반드시 스노우 타이어를 사라.

우리가 사는 우주에는 하나님 외에는 변함없는 것이 없다. 모든 것은 발전하거나 쇠퇴한다. 우리의 개인적인 영적 생활은 성장하거나 아니면 점점 쇠약해진다. 적극적으로 앞으로 나아가지 않으면 곧 뒤로 미끄러지고 말 것이다.

'대부분의 사람들은 잊어버리는 것을 만회하기 위해 매일 많은 것을 배워야만 한다'는 말이 있다. 성공하는 소그룹 리더는 개인적인 영적 생활에서 계획적으로 앞으로 나아가지 않으면 곧 쇠퇴하기 시작한다는 것을 알고 있다. 어느 단계에서 효과가 있었던 리더십 기술이 다른 단계에서는 효과가 없을 수도 있다.

| 개인적인 성장은 당신 스스로 해야 하는 것이다 |

아일랜드 속담에 '네 할아버지의 키가 아무리 크더라도 네 키는 네가 알아서 커야 한다'는 말이 있다. 바울은 디모데에게 '경건에 이르도록 네 자신을 연단하라'(딤전 4:7)고 했다. 아무도 그 일을 대신 해 줄 수 없다.

그리스도인으로서 우리는 자신이 환경의 희생자가 아니라는 것을 알고 있다. 지금 우리의 모습은 환경보다 우리가 내린 결정들의 산물이라는 것을 우리는 알고 있다. 하나님은 우리가 하나님 앞에 설 때 자신의 일을 하나님께 직고해야 할 것이라고 말씀하신다(롬 14:12). 아무도 우리의 개인적인 성장을 책임져 주지 않는다. 아무도 우리 대신 성장하고, 배우고, 향상시킬 수 없다. 우리가 스스로 성장하고, 배우고, 발전해야 한다.

| 개인적인 성장은 예리함과 능력을 유지하기 위한 비결이다 |

어떤 사람이 벌목꾼으로 고용되어 나무를 베게 되었다. 나무를 많이 벨수록 보수를 더 많이 받을 수 있었다. 그는 키가 크고, 힘도 세고, 체격도 좋았다. 그리고 열심히 일하려는 의지도 있었다.

첫째 날, 그는 곧바로 일하러 가서 나무를 열 그루 베었다. 그 다음 날도 바로 일하러 가서 여덟 그루를 베었다. 셋째 날은 여섯 그루밖에 벨 수가 없었다. 넷째 날에는 네 그루, 다섯째 날에는 겨우 세 그루 베었다. 그는 낙심에 빠졌다. 매일 똑같은 시간 동안 열심히 일했는데 그가 벤 나무 수는 계속 줄어들었기 때문이다.

그런데 같은 주간 동안 어느 경험 많은 벌목꾼이 매일 아홉 그루씩 베는 것을 보았다. 신참 벌목꾼이 그 경험 많은 벌목꾼에게 다가가 말을 걸었다. "두 가지만 물어봅시다. 어째서 당신은 매일 같은 수의 나무를 벴는데 저는 날이 갈수록 점점 줄어든 걸까요? 그리고 저는 매일 아침 바로 일을 시작했는데 당신은 그렇지 않았습니다. 그 시간에 뭘 하셨나요?"

그 벌목꾼은 미소를 지으며 말했다. "한 가지 답으로 두 가지 질문을 해결해 드릴 수 있겠네요. 매일 아침에 저는 톱을 날카롭게 갈았답니다."

나는 성경을 여러 번 통독했다. 하지만 예리함을 유지하기 위해선 매일 아침에 일어나 성경을 몇 장씩 읽어야만 한다는 것을 알았다. 또 평생 많은 책들을 읽었지만, 집중력을 유지하려면 매주 책을 한 권 정도 읽어야 한다는 것을 알았다. 나는 늘 예리함을 유지하며 하나님을 위해 쓰임받고 싶다.

| 개인적인 성장은 단기간의 헌신이 아니라 평생 과정이다 |

사도 바울은 이렇게 간증했다.

내가 이미 얻었다 함도 아니요 온전히 이루었다 함도 아니라 오직 내가 그리스도 예수께 잡힌 바 된 그것을 잡으려고 달려가노라 형제 들아 나는 아직 내가 잡은 줄로 여기지 아니하고 오직 한 일 즉 뒤에 있는 것은 잊어버리고 앞에 있는 것을 잡으려고 푯대를 향하여 그리 스도 예수 안에서 하나님이 위에서 부르신 부름의 상을 위하여 달려 가노라(빌 3:12~14).

당시 아마 60대였던 사도 바울이 계속 성장해야 한다고 느꼈다 면, 당시과 나는 얼마나 더 성장해야겠는가? 훌륭한 목회자 필립 브룩스(Philip Brooks)는 "꾸준히, 오래, 지속적인 과정이 없이는 인 격이 성장할 수 없다"고 말했다. 리더로서 성장하는 것은 주식시장 에 투자하는 것과 비슷한 점이 많다고 한다. 하루아침에 부자가 되 려 하면 성공할 수 없다. 성공하는 리더들은 개인적인 성장이 지속 적인 과정이라는 것을 알고 있다. 매일 조금씩 더 나아지는 것을 목 표로 해야 한다.

| 개인적인 성장은 삶의 네 가지 주요 영역에서 이루어져야 한다 |

예수님의 생애 초기는 이 단순한 구절로 요약된다.

예수는 지혜와 키가 자라가며 하나님과 사람에게 더욱 사랑스러워
가시더라(눅 2:52).

예수님이 다음 네 가지 주요 영역에서 성장하신 것을 주목하라.

1) 지혜: 가장 최근에 의도적으로 마음의 양식을 쌓은 것이 언제였
   는가? 앉아서 책을 읽거나, 영화를 보거나, 테이프를 듣는 것
   등 말이다.

2) 키: 육체적 건강은 적절한 식단과 휴식과 운동의 결과이다.

3) 하나님에게 사랑스러움: 영적인 성장은 개인적인 성경 읽기와 연
   구, 기도, 금식 같은 중요한 영적 훈련들을 통해 점점 더 자라
   갈 수 있다.

4) 사람에게 사랑스러움: 우리의 관계성이 성장하기 위해서는 우리
   삶의 중요한 관계들에 지속적으로 투자해야 한다.

예수님이 이 네 가지 영역에서 성장이 필요하셨다면, 당신과 나
는 얼마나 더 성장이 필요하겠는가?

| 개인적인 성장은 매일의 습관들의 산물이다 |

성공의 비결은 매일의 습관들 속에서 발견된다. 성공하는 사람들과 리더들은 필수적인 훈련들을 삶에 적용하고 매일 실천한다. 인격적인 건강은 육체적 건강과 비슷하다. 그것은 적절한 훈련을 배우고, 그것이 습관이 될 때까지 정기적으로 실천함으로써 이룰 수 있다.

개인적인 성장의 힘에 대한 나의 간증

나는 굉장히 잘 훈련된 사람이라는 말을 들어 왔다. 그러나 몇 년 전부터 개인적인 능력의 수준을 모두 끌어올려야 할 필요성을 느꼈다. 여기에는 리더십 능력, 육체적 건강, 영적인 능력, 그리고 아내와 아들들과의 관계의 질이 포함되었다. 나는 성장이 필요한 영역들과 관련된 좀 더 도전적인 개인 성장 계획에 적극적으로 시간을 투자하기로 마음먹었다.

몇 가지 훈련들을 나의 스케줄에 포함시키는 것을 목표로 정했다. 나는 매일 아들들을 안아 주고 사랑한다고 말해 주었다. 그리고 매주 세 아이들과 일대일로 뭔가 특별한 일을 하고 싶었다. 우리는 일주일에 서너 번 정도 밤에 가정예배를 드리려고 노력했다. 나는 매일 아내를 섬기거나 정말로 아내의 말을 경청하려고 애썼다. 일주일에 두 개의 교훈적인 카세트 테이프를 듣고, 한 권 이상의 책을 읽으려고 했다. 매일 30분간 개인기도 시간을 갖고 일주일에 하루는 금식을 하려 했다. 거의 매일 성경을 읽었다. 일주일에 5일은 30분 동안 운동을 하려고 시도했다. TV를 보는 시간은 엄격하게 제한했다.

더러는 모든 목표에 한참 못 미치기도 했지만, 몇 달이 지났을 때 달라진 것을 볼 수 있었다. 나는 내 삶의 중요한 영역들에서 성장하고 있었던 것이다. 한 가지 영역을 좀 더 집중적으로 다루어야 할 것 같으면, 다음 달에는 그 부분을 더 열심히 공략했다.

나의 성장 계획을 가지고 적극적으로 노력했던 지난 몇 년 동안, 나는 삶의 모든 중요한 영역들에서 서서히 발전해 왔다. 수백 권의 책을 읽었고, 성경공부나 리더십 훈련에 관한 테이프를 수백 시간 동안 들었다. 성경을 여러 번 통독했다. 거의 매일 기도 응답을 받았다. 아내와 아이들과도 좋은 관계를 유지할 수 있었다. 지금은 매일 40분 정도 운동을 한다.

사역을 포함하여 내 삶의 모든 부분이 더 좋아졌다. 우리 교회는 출석 교인이 두 배로 늘었다. 사람들은 나의 설교와 지도력에 기름 부음이 눈에 띄게 증가했다고 말한다. 하나님께서 나의 소그룹을 여러 번 배가시켜 주시는 것을 경험했다. 나는 어느 때보다 더 즐거운 삶을 누리고 있다.

당신의 잠재력을 발휘하는 것에 대해 진지하게 관심이 있다면, 적극적인 성장 계획을 세워야 한다. 나만큼 적극적이진 않더라도, 반드시 당신에게 도전을 주는 것이어야 한다. 또한 그런 계획이 효과를 거두려면 '개인적인 성장의 십계명'을 따라야 한다.

개인적인 성장의 십계명

| ❶ 항상 성장하는 사람이 되기로 결단하라 |

오늘의 당신은 과거에 당신이 한 선택들의 결과이다. 내일의 당신은 오늘 당신이 하는 선택들의 결과가 될 것이다. 성장을 위해 필요한 일을 하기로 결심할 때까지는 눈에 띄게 성장하지 않을 것이다. 그것은 당신의 선택에서 시작된다. 당신의 능력은 하나님의 선물이다. 그리고 당신이 그 능력을 가지고 하는 일은 하나님께 드리는 당신의 선물이다. 당신의 최선을 하나님께 드려라. 성장하기 위해 당신이 해야 할 일을 모두 하고 최선을 다하기로 결심하라.

| ❷ 당신의 활동들에 집중하고 몇 가지 목표를 정하라 |

일부 능력 있는 소그룹 리더들은 매일 또는 매주 여러 개의 목표를 세우지만, 당신이 처음 시작했다면 목표를 너무 많이 세우지 않아도 된다. 당신이 달성할 수 있는 몇 가지 목표부터 시작하여, 거기서부터 차곡차곡 쌓아 가라. 몇 가지 주요 영역에서 영리한 (smart) 목표들을 세워라. SMART 목표란 다음과 같다.

• Simple(단순한)−단순한 목표의 좋은 예는 하루에 성경을 15분씩, 또는 두 장씩 읽는 것이다. 하루에 두 장씩 읽으면 3년에 성경을 두 번 통독하게 될 것이다.

• Measurable(측정할 수 있는)−측정할 수 있는 목표는 시간(하루에 15분)이나 성취(하루에 1장)와 관련된 것이다. 이 경우엔 당신이 목표를 달성했는지 못했는지 쉽게 분별할 수 있다.

• Attainable(달성 가능한)−단순하고 측정 가능하지만 당신이 도달할 수 없는 목표는 당신에게 아무런 유익이 없다. 만일 당신이 평생 운동과 담을 쌓고 살아 왔다면, 처음부터 하루에 한 시간씩 운동

을 하겠다는 목표를 세우면 절대 도달할 수 없을 것이다. 그러나 하루에 10분부터 시작한다면 충분히 합리적이다.

• Relevant(적절한) – 당신의 필요와 연관된 목표들을 선택하라. 예를 들면 나는 내 삶의 어느 기간 동안 내 아이들을 매일 안아 주고 사랑한다고 말하는 것을 목표로 삼을 필요가 있었다. 그러나 당신은 이미 그것을 했거나 아니면 자녀들이 없을지도 모른다.

어쩌면 당신은 영적으로 좀 더 능력 있는 사람이 되기 위해 육체적으로 더 건강해져야 할 필요가 있을지도 모른다. 그러면 그 필요를 충족시키기 위한 목표를 세워라. 그러나 만일 당신이 에어로빅 강사라면 운동은 당신이 꼭 다뤄야 할 영역이 아닐 것이다. 당신이 성장해야 할 영역들과 관련된 목표들을 정하라.

• Time-oriented(시간 중심적) – 당신의 목표가 성경을 통독하는 것인데 정해 놓은 시간이 없다면, 아마 그 목표를 이루지 못할 것이다. 그러나 일 년 안에 성경을 한 번 통독하는 것이 목표라면, 그것이 당신에게 동기를 부여하고 긴장시켜 하루에 세 장 또는 그 이상씩 성경을 읽게 할 것이다.

| ❸ 필요한 도구들을 모으라 |

당신의 성장 계획으로부터 최대한의 유익을 이끌어 내기 위해 필요한 도구들이 있을지도 모른다. 나의 경우에 핵심 도구는 나의 성장 계획표를 기록해 둔 일지였다. 나는 매일 아침 성경을 읽고, 기도하고, 일기를 쓰고, 운동한 것을 점검한다. 그리고 독서, 테이프 듣기, 전날 가족관계에 투자한 시간을 점검한다.

다른 도구들로는 성경책, 기도 노트, 운동복과 장비, 책, 또는 좋은 교훈이 담긴 카세트 테이프 등이 있겠다. 나는 모든 소그룹 리더들이 매년 소그룹 사역에 관한 좋은 책을 적어도 한 권씩 읽기를 적극 권한다.

당신이 이 도구들에 투자하는 적은 돈이 곧 당신의 개인적 성장에 투자하는 것임을 알라. 당신의 성장 과정을 돌아볼 때, 당신이 거두게 될 유익에 비하면 그 투자는 굉장히 미미할 것이다.

❹ 당신에게 맞는 계획을 생각해 내라

짐은 오랜 시간 동안 일을 해 왔으며, 헌신적인 남편이자 아버지이다. 그는 또한 해마다 자신의 소그룹을 배가시키는 유능한 소그룹 리더다. 그는 스스로 말씀을 묵상하기가 힘들다는 사실을 깨달았다. 그래서 자신의 스케줄을 분석해 보았고, 자신이 매일 한 시간 정도를 통근 시간으로 보내고 있다는 것을 알았다. 그래서 성경 테이프를 구입하여, 지금은 직장에 오가는 한 시간 동안 매일 말씀을 듣고 있다.

효율적으로 개인적인 성장을 이루어 가는 사람들은 다른 사람들의 계획을 그대로 받아들이지 않는다. 그들은 기도하며 자신에게 맞는 계획들로 발전시킨다. 그리고 매달 새로운 목표와 훈련들에 맞게 계획들을 조정한다.

당신이 성장할수록 당신의 목표들도 성장할 것이다. 당신이 성장할수록 당신의 계획들에 추가해야 할 새로운 영역들을 발견하게 될 것이다. 어떤 영역들은 충분히 강해져서 더 이상 당신의 계획에 포함될 필요가 없어질 것이다. 당신의 삶이 바뀌면 계획도 바뀌어야 한다.

| ❺ 필요한 시간에 대한 계획을 세워라 |

헨리 포드(Henry Ford)는 "대부분의 성공한 사람들은 다른 사람들이 낭비하는 시간을 잘 활용한다"고 말했다. 성장에는 시간이 필요하다. 당신의 성장 계획에 따라 노력하기로 스스로 약속하라. 어쩌면 당신은 일찍 일어날 필요가 있다는 것을 알게 되었을 것이다. 또는 성장을 위한 시간을 가지려면 TV를 볼 시간이 거의 없다는 것을 알게 될 것이다. 대부분의 사람들은 훌륭한 성장 계획을 실천할 시간이 충분히 있지만 그 시간들을 낭비하고 있다.

하루에 한 시간씩 개인적인 성장을 위해 힘쓸 시간을 찾아볼 것을 제안한다. 이 시간에는 성경 읽기, 기도, 독서, 운동 등이 포함될 수 있겠다. 그 시간은 10~30분씩 늘릴 수 있다. 또 당신은 그중 일부는 아침에, 일부는 저녁에 할 수도 있다.

| ❻ 수확을 바라기 전에 씨를 뿌려라 |

바울은 '스스로 속이지 말라 하나님은 업신여김을 받지 아니하시나니 사람이 무엇으로 심든지 그대로 거두리라'(갈 6:7)는 말씀으로 놀라운 영적 원리를 전해 주었다. 농부들은 심음과 거둠의 법칙을 피하거나 면할 수 없다고 말할 것이다. 추수의 법칙은 몇 가지 피할 수 없는 현실들을 담고 있다.

수확하려면 씨를 뿌려야 한다. 씨를 뿌리지 않으면 거둘 것이 없다.

올바른 것들을 거두려면 올바른 것들을 심어야 한다. 잡초를 심어 놓고 곡식을 거두길 기대할 수는 없다.

거두기 전에 심어야 한다. 수확은 한순간에 되는 것이 아니다. 봄에 씨를 뿌리지 않으면 가을에 거둘 수 없다. 대충 하거나 막판까지 미뤘다가 급하게 하는 것은 소용없다.

개인적인 성장을 성공적으로 이루는 사람들은 긍정적인 수확을 즐기기 위해 긍정적인 것들을 심는다. 그들은 나중에 결과물을 즐기기 위해 지금 열심히 일한다. 지금 개인적인 성장에 투자하는 시간은 언젠가 엄청난 수확을 산출할 씨앗들을 심는 시간으로 여기라.

개인적인 성장을 이루는 사람들은 지금 값을 지불해야만 나중에 즐길 수 있다는 것을 안다. 물론 지금 놀면 역시 나중에 값을 지불할 것이다. 또한 그 대가도 훨씬 더 클 것이다. 매일 성장하기 위한 값을 지불하라. 그러면 곧 노력의 결과들이 보이기 시작할 것이다.

주식시장의 당일치기 매매의 등장은 추수의 법칙을 피해 가기 원했던 많은 이들의 관심을 사로잡았다. 짧은 시간에 돈을 버는 약간의 행운을 얻기 위해 수많은 사람들이 빠른 수확을 위한 시도를 함으로써 많은 돈을 잃었다. 경험 있는 사람들은 주식시장에서 돈을 버는 길은 정기적인 투자와 장기간의 인내라고 경고한다.

개인적인 성장을 위해 보내는 시간을 개인적인 포트폴리오와 순자산에 투자하는 것으로 여길 줄 알아야 한다. 하나님이 당신의 투자를 배가시키셔서, 어느 날 엄청난 영적인 부를 상급으로 주실 것이다.

얼 나이팅게일(Earl Nightingale)은 말했다. "누구든지 똑같은 주제에 관하여 하루에 한 시간씩 투자한다면, 그 사람은 그 주제에 관한 전문가가 될 것이다."

나이팅게일의 말이 옳다. 나는 몇 년 전에 이 인용구를 읽은 후로 한 가지 주제를 골라 1년 동안 매일 한 시간씩 그것에 투자하려고 해 왔다. 나는 그 주제에 관하여 책을 쓰거나 세미나를 할 수 있을 만큼 그것을 '마스터'하고 싶다. 예를 들어, 몇 년 전에는 리더십에 관해 더 많이 배우기 시작했다. 그해가 끝날 무렵, 나는 내가 배운 것들을 기록하여 세미나를 열었고 이곳저곳을 돌아다니며 교회 리더들에게 리더십에 대한 강의를 했다.

지난 몇 년 동안 나는 팀 사역, 기도와 금식, 부흥, 교회의 건강과 성장, 영적 전쟁, 자녀 양육, 소그룹 같은 주제들에 대해 '전문가' 수준으로 성장했다. 내가 깨달은 것을 다른 사람들에게도 알려 주기 위해 각 주제에 대한 책을 쓰거나 세미나를 열었다. 이 모든 것이 그 주제에 관한 하루 한 시간의 독서, 그리고 나의 개인적인 성장 계획에서 비롯된 훈련의 결과였다.

| ❼ 스스로 책임을 부여하라 |

내가 학교에서 쓴 많은 논문들은 사실상 교수와 성적에 대한 책임감이 없었더라면 결코 쓰지 않았을 것들이다. 많은 이들이 누군가 자신의 발달 과정을 지켜보고 있다는 것을 알 때 더 잘해 낸다. 이것이 인간의 본성이다.

그러므로 스스로 당신의 개인적인 성장 계획에 대한 책임을 지게 함으로써 책임의 힘을 당신에게 유리하게 활용하라. 소그룹 코치에게 부탁하여 당신의 발달 과정에 대한 책임을 가져 달라고 요청하라. 그 과정을 꾸준히 기록하라. 그것을 소그룹 목사에게 제출하는 것을 목표에 포함시켜라.

| ❽ 당신이 배운 것들을 다른 사람들과 나누라 |

엘머 타운스 박사는 아주 탁월한 사람이다. 그는 67세의 나이에도 아주 힘 있게 살고 있다. 계속해서 성장하고 있고 하나님께 쓰임 받고 있다. 그는 한 가지 단순한 원칙에 의해 살고 있는데, 바로 가르치기 위해 배우고 배우기 위해 가르친다는 것이다.

그는 자기가 배운 모든 것을 가르친다. 그가 배우는 것이 하나의 수업이 되고, 강의가 되고, 책이 되고, 자료집이 되고, 세미나가 된다. 그의 교회에서 가르칠 교훈이 되기도 한다. 그의 대학이나 신학교 학생들을 위한 강의가 될 수도 있다. 그는 리버티 대학교 기독교

162

학부 학장이기 때문이다. 새로운 책이 될 수도 있다. 그는 1년에 세 권의 책을 출간한다. 또는 새로운 세미나가 될 수도 있다. 그는 미국 전역과 전 세계를 돌아다니며 세미나를 하고 있다. 아니면 하나의 자료집이 될 수도 있다. 실제로 《*Friend Day*》라는 유명한 자료집이 있다.

당신은 듣거나 읽은 것 중 약 5% 정도만 기억할 수 있다. 그러나 당신이 듣거나 읽은 것을 다른 누군가와 나누면 훨씬 더 많은 부분을 기억하게 될 것이다. 매일 1분 동안만이라도 하나님이 당신에게 가르쳐 주시는 것을 전하라. 당신의 배우자에게 이야기하라. 자녀들에게 가르치라. 소그룹에서 함께 나누라.

| ❾ 성장하는 사람들과 함께 교제하라 |

잠언에는 '철이 철을 날카롭게 하는 것같이 사람이 그의 친구의 얼굴을 빛나게 하느니라'(잠 27:17)는 말씀이 있다. 성장하는 사람들은 성장하는 사람들과 함께 어울린다. 그들은 날카로운 사람들과 함께 있음으로써 날카로워지고 또 그 상태를 계속 유지한다.

어떤 사람은 이것을 뜨거운 부지깽이 법칙이라고 부른다. 부지깽이는 불 옆에 놓아만 두어도 뜨거워진다는 것이다. 삶에서 영적인 열기는 영적으로 뜨거운 사람들로부터 나온다. 영적으로 뜨거워지려면 영적으로 뜨거운 사람들과 가까이 있어야 한다. 여기엔 두 가지 방법이 있다. 즉 직접적인 방법과 간접적인 방법이다.

직접적으로는 성장하는 사람들과 함께 시간을 보내고, 대화를 나누고, 그들의 이야기를 들음으로써 그들과 가까워지는 것이다. 몇년 전에 나는 내가 사는 지역에서 우리 교회보다 큰 교회 목사들 모두와 친해지는 것을 목표로 삼았다. 그들을 점심식사에 초대했다. 그들의 지혜를 빌리고, 그들과 함께 시간을 보낼 때마다 중요한 것을 배우려고 애썼다. 지금도 그중 몇 사람과는 정기적으로 식사를 한다. 나는 그들과 함께 교제함으로써 성장했다.

간접적으로는 다른 성장하는 사람들의 책을 읽고 테이프를 들음으로써 성장할 수 있다. 나는 그들을 개인적으로 알지 못한다. 그러나 그들과의 관계를 통해 성장했다. 그들의 원칙들을 나의 삶에 적용했다.

| ❿ 배운 것을 실천하라 |

옛말에 '사용하지 않으면 잃어버린다'는 말이 있다. 개인적인 성장의 목표는 온갖 정보들로 당신의 머리를 가득 채우는 것이 아니라 당신의 삶을 변화시키는 것이다. 당신이 배우는 모든 것을 실천하도록 노력하라. 시도하라. 실천하라. 행하라.

나는 책을 읽을 때 각 챕터를 두 문장으로 요약하는 것을 좋아한다. 한 문장은 기억하기 위한 것이고, 한 문장은 실천하기 위한 것이다. 이런 방법으로 나는 그 책을 다 읽은 후에도 그 내용을 오래도록 간직한다.

164

이 책에는 당신이 배운 내용을 적용하도록 도와주기 위해 각 장 끝부분에 채워 넣어야 할 도표가 있다. 아직 하지 않았다면 다시 앞으로 돌아가 빈 칸을 채워 넣으라. 다 채워 넣었으면, 당신이 기록한 것을 행하라.

이 장의 나머지 부분은 당신이 배운 내용을 실천할 수 있도록 도와줄 것이다.

■ 정신적인 성장을 위한 방법

책 _____, _____ 을 읽는다.

테이프 _____, _____ 을 듣는다.

■ 영적 건강을 증진시키는 방법

하루에 _____ 분, 또는 _____ 장씩 성경을 읽는다.

매일 _____ 분간 기도한다.

매일 _____ 분간 일기를 쓴다.

일주일에 _____ 일, 하루에 _____ 분간 가정예배를 인도한다.

한 달에 _____ 일 금식한다.

■ 육체적 건강을 증진시키는 방법

일주일에 _____ 일 _____ 분간 운동한다.

밤에 _____ 시간을 잔다.

_____ 을 적게 먹고 _____ 을 더 많이 먹는다.

건강하고 성장하며 배가하는 그룹에 대한
단순한 성장 목표들

■ 관계에 대한 투자

일주일에 _____ 시간 또는 하루에 _____ 분을 배우자와의 관계에 투자한다.

일주일에 _____ 시간 또는 하루에 _____ 분을 자녀들과의 관계에 투자한다.

일주일에 _____ 시간 또는 하루에 _____ 분을 예비 리더와의 관계에 투자한다.

일주일에 _____ 시간 또는 하루에 _____ 분을 다른 사람과의 관계에 투자한다.

■ 개인 성장 계획표(샘플)

요일	정신적		영적		육체적	관계적	
	책	테이프	기도	성경	운동	가정예배	배우자
월요일							
화요일							
수요일							
목요일							
금요일							
토요일							
일요일							

Putting It All Together
9 8가지 습관 조합하기

성공하는 소그룹 리더들의 8가지 습관들을 가르치고 난 후의 반응은 대개 똑같다. 사람들은 흥분하여 바로 이 습관들을 시작하려 한다. 그러다가 이렇게 묻는다. "이 모든 일들을 다 할 시간을 어떻게 낼 수 있을까요?"

적용이 없는 감동과 정보는 좌절감만 줄 뿐이다. 그래서 바로 이 장이 이 책에서 가장 중요한 부분일 수 있다. 당신이 배운 것을 삶에 적용하도록 도와주기 때문이다. 당신은 성공하는 소그룹 리더의 8가지 습관들을 배웠다. 이제 그 습관들과 어떻게 그것들을 행하는지 알았으니, 그 모든 것들을 조합하는 문제만 남아 있다. 당신이 배운 모든 것들을 어떻게 적용할 수 있을까? 어떻게 하면 성공하는 소그룹 리더가 되기 위해 노력할 시간을 찾을 수 있을까?

8가지 습관들을 적용하는 열쇠는 그것들을 일상의 스케줄 안에 포함시키는 것이다. 각각의 습관을 위해 노력하려 할 때마다 시간이 필요하다. 나는 그것들을 자신의 스케줄 안에 포함시킨 리더들이 성공한다는 것을 알았다. 또 그 습관들을 자신의 스케줄 안에 포함시키지 않은 사람들은 그 일들을 전혀 해내지 못한다.

성공하는 소그룹 리더는 8가지 습관들이
자신의 스케줄에 포함되도록 계획을 세운다.

8가지 습관을 돕는 3가지 도구

8가지 습관들이 당신의 삶이 되도록 도와줄 세 가지 도구들이 있다. 그것은 주간 목표 작성지, 이상적인 주간 계획표, 그리고 실제 주간 계획표이다. 주간 목표 작성지는 당신이 매주 각 습관들에 얼마나 많은 시간을 들일 것인가에 대한 목표를 세워 기록하는 곳이다. 이상적인 주간 계획표는 각 습관을 들이기 위해 노력하기 원하는 시간에 대한 계획이다. 실제 주간 계획표는 실제로 그 습관들을 위해 노력한 시간을 기록하는 곳이다.

과제는 이상과 실제의 균형을 맞추고 정기적으로 각 습관들에 대해 시간을 투자하는 것이다. 리더로서 나는 그 '이상'에 도달한 주간이 거의 없었다. 다만 그 습관들을 알고 각 습관을 위해 정기적으로 시간을 투자함으로써 여전히 성장하고 있고, 나의 그룹이 성장하며 배가하는 것을 보고 있을 뿐이다.

우리는 8가지 '습관들'에 대해 이야기하고 있다는 것을 명심하라. 습관은 '자주 하는 일, 따라서 쉽게 하는 일이다. 그것은 몸에 익혀 반사적인 것이 되어 버린 행동이다.' 그러므로 나는 당신에게 두 달 동안 이 도구들을 사용해 보길 권한다. 한 가지 새로운 습관을 기르려면 3주가 필요하고, 그것이 편안해지기까지는 6주가 걸린다. 따라서 습관을 들일 때는 이 계획표들을 적어도 처음 6주 동안은 꾸준히 사용해야 할 것이다. 8가지 습관들의 균형을 유지하며 지속해

가려면 정기적으로 지나간 시간을 돌아보며 이 습관들을 활용해야 할 것이다.

주간 목표 작성지

한 주간 동안 각 습관을 기르는 데 투자하고자 하는 시간의 양을 기록하는 것은 매우 중요하다. 기도나 개인적인 성장 같은 습관들은 매일 해야 하는 훈련이다. 반면에 연락이나 멘토링, 새로운 사람들을 초청하는 것 같은 습관들은 일주일에 한 번씩 하는 일들이다. 매주 각 습관에 투자할 시간의 양에 대한 목표를 정하라.

■ 주간 목표 작성지(샘플)

	매일	매주
꿈	5분	30분
기도	30분	150분
초청		30분
연락		90분
준비		60분
멘토링		90분
친교	30분	210분
성장		60분
총계		12시간

주간 목표 작성지 사용에 관한 설명

• 위의 샘플은 일주일에 12시간을 필요로 하는 꽤 거창한 목표들을 보여 준다. 이것이 부담스럽게 느껴질 수도 있다. 그런데 기도와 개인적인 성장은 당신이 이미 하고 있는 일이고 단지 그것을 성공하는 소그룹 리더의 습관으로 여기지 않았을 뿐이라는 것을 감안하면 덜 부담스러울 것이다.

• 일주일 동안 우리가 깨어 있는 시간의 십분의 일은 약 11~12시간이다. 따라서 리더가 시간의 십일조를 드린다면, 매주 8가지 습관 모두를 위해 의미 있는 시간을 투자할 수 있을 것이다. 내가 아는 한 이 8가지 습관들에 이만큼 시간을 투자한 사람들은 모두 자신의 그룹을 성장시키고 배가시키고 있다.

• 일주일에 11~12시간씩 그룹 모임 외의 활동을 하지 못한다고 해서 낙심하지는 말라. 그것을 목표로 삼고 노력하면 된다. 당신이 정기적으로 시간을 투자하는 만큼 그 습관들은 효력을 나타낼 것이다. 많은 시간을 투자할수록 당신의 그룹이 성장하고 배가하는 속도가 더 빨라질 것이다.

• 꿈에 대해서는 아마 실제로 계획을 세울 필요가 없을 것이다. 그것은 따로 시간을 필요로 하지 않을 것이다. 샤워나 운전, 기도 같은 다른 일들을 하면서 할 수 있는 일이기 때문이다.

• 친교와 초청 같은 활동에는 매주 시간을 투자하지 않아도 될지

도 모른다. 하지만 정기적으로 시간을 투자해야 하는 일들이다. 한 달에 두 시간 정도 소요되는 친교 활동은 일주일에 평균 30분 정도 소요되는 셈이다. 또 사람들과 연락하는 시간이 있어야 그 활동을 할 수 있다.

이상적인 주간 계획표

매주 몇 분간의 시간을 들여 8가지 습관들이 자신의 스케줄에 포함되도록 계획을 세우는 리더들은 그것을 적용하기가 훨씬 더 쉽다. 이상적인 계획표는 8가지 습관들을 한 주간의 일정에 포함시켜 잠정적으로 계획을 세운 것이다. 그것을 이상적이라고 부르는 이유는 상황이 언제나 계획대로, 또는 스케줄에 꼭 맞게 되지는 않을 것이기 때문이다.

가장 좋은 방법은 어떤 습관들을 위한 일정한 시간을 정해 놓는 것이다. 준비하고, 멘토링하고, 연락하고, 초청하기로 매주 당신 자신과 약속하라. 매일 기도하고 개인적인 성장을 위해 노력하기로 약속하라. 매주 또는 매달 친교를 위한 약속을 하라.

■ 이상적인 주간 계획표(샘플)

구분	월	화	수	목	금	토	일	총계
기도	잠자기 전 5분	잠자기 전 5분	잠자기 전 5분	잠자기 전 5분	잠자기 전 5분	잠자기 전 5분		30분
	오전 6:00~6:30	오전 6:00~6:30	오전 6:00~6:30	오전 6:00~6:30	오전 6:00~6:30	오전 6:00~6:30	오전 6:00~6:30	3시간 30분
초청	오후 7:00~7:30 전화 통화							30분
연락		오후 7:00~8:00 전화 통화						1시간
준비			그룹 모임 전	오후 6:30~7:00				30분
멘토링	오후 7:30~8:30	오후 8:00~8:30						1시간 30분
전교	오전 6:30~7:15 성경 읽기와 독서 오후 8:30~9:00 운동	오전 6:30~7:15 성경 읽기와 독서 오후 8:30~9:00 운동	오전 6:30~7:15 성경 읽기와 독서	오전 6:30~7:15 성경 읽기와 독서 오후 8:30~9:00 운동				4시간 30분
성장					오후 6:00~7:30 멤버들과 저녁식사			1시간 30분

이상적인 주간 계획표 사용에 관한 설명

• 8가지 습관들을 적용하는 열쇠는 이상과 현실을 조화시키는 것이다. 계획표를 만드는 것이 이상을 현실로 만드는 데 도움이 된다. 당신의 목표를 달성하기 위한 시간을 찾아보라.

• 당신의 목표들이 달성 가능성이 없다는 것을 발견할지도 모른다. 그럴 경우엔 가능한 시간에 맞게 적당히 수정하라.

• 이 시간들을 달력이나 일정표에 적어 놓으라. 다른 약속을 지키는 것처럼 그 약속들을 꼭 지키려고 노력하라.

실제 주간 계획표

실제 주간 계획표는 실제로 매주 8가지 습관들에 대한 진행 상황을 기록하는 공간이다. 그 주간에 각각의 습관들에 들인 시간을 기록해 둔다. 한 주의 마지막에 모든 것을 기억해 내려고 하지 말고 그때그때, 또는 하루를 마칠 때 기록해 두는 것이 가장 좋다.

■ 실제 주간 계획표(샘플)

꿈	월	화	수	목	금	토	일	총계
기도	5분	5분	5분	5분	5분			25분
	오전 6:00~6:30	오전 6:00~6:30		오전 6:00~6:15		오전 6:00~7:00	오전 6:00~6:30	3시간 15분
조정	오후 7:00~8:00 전화 통화							1시간
연락		오후 7:00~7:45 전화 통화						45분
준비			멘토링 시간을 지키지 못함			오전 7:00~8:00 만나서 커피 마심		1시간
멘토링		오후 8:00~9:00				오후 7:30~8:00		1시간 30분
전교	오전 6:30~7:00 성경 읽기	오전 6:30~7:00 성경 읽기	오전 6:30~7:00 성경 읽기	오전 6:30~7:00 성경 읽기 / 오후 7:00~8:00 운동	오전 6:30~7:00 성경 읽기	오후 7:00~8:00 독서		4시간 30분
성장				오후 7:00~9:00 공원에서 그룹 바비큐 파티				2시간

실제 주간 계획표 사용에 관한 설명

• 실제 주간 계획표를 작성하는 데는 매일 하루를 마칠 때 몇 분간만 시간을 투자하면 되지만, 이 몇 분간이 매우 소중하다.

• 이 계획표를 작성하는 것은 개인적인 책임감을 갖게 하는 데 탁월한 수단이다. 나는 약속들을 잘 지켰는지 점검하는 것을 좋아하기 때문에 항상 목표를 달성하려고 노력한다.

• 이 계획표는 지속적인 평가의 기준이 된다. 예를 들어, 몇 주 뒤에 돌아보면서 당신의 모임 참석 인원이 증가한 이유가 연락이나 초청에 더 많은 시간을 들였기 때문이라는 것을 알 수 있다.

• 완성된 계획표는 우리에게 큰 힘이 되고 자극이 된다. 당신은 좋은 씨앗을 뿌리고 있고 당장은 아니더라도 결국 좋은 열매를 거두게 될 거라는 사실을 알기에 기대감을 가질 수 있다.

이제 당신 차례다

이제 당신은 8가지 습관들을 알고 도구도 가졌으니, 당신 자신의 목표를 정하고 주간 계획을 세우는 시간을 갖기 바란다. 이 모든 것을 처음 해 본다면, 작은 것부터 시작해 매주 늘려 가라. 어쩌면 당신은 이미 자신의 계획표를 갖고 있는지도 모른다. 그렇다면 좋다. 가장 좋은 계획표는 당신이 활용할 수 있는 계획이다. 8가지 습관들을 당신의 주간 일정에 자주 포함시켜 진짜 습관이 되게 하고 변화를 일으키는 계획이라면 효과가 있을 것이다. 이 계획표들을 작성하는 시간을 가져라. 8가지 습관들을 실천하기 시작할 때 당신은 성공하는 소그룹 리더가 되기 시작하는 것이다.

■ 주간 목표 작성지

	매일	매주
꿈		
기도		
초청		
연락		
멘토링		
준비		
친교		
성장		
총계		

■ 이상적인 주간 계획표

	월	화	수	목	금	토	일	총계
꿈								
기도								
초청								
연락								
준비								
멘토링								
친교								
성장								

■ 실제 주간 계획표

	월	화	수	목	금	토	일	총계
꿈								
기도								
초청								
연락								
준비								
멘토링								
친교								
성장								

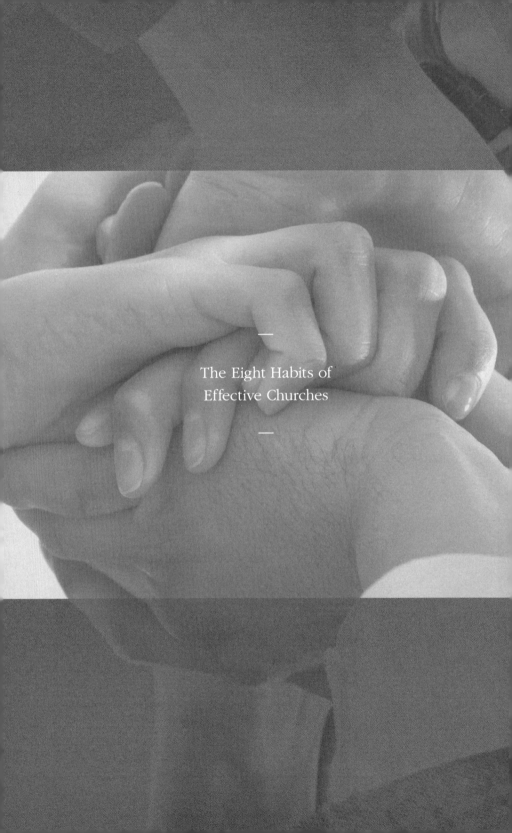

The Eight Habits of
Effective Churches

Part 02

—

성공하는 교회의 8가지 습관

—

10 상위 리더들의 8가지 습관
The Eight Habits for Leaders of Leader

스 티브와 로드는 우리 교회에서 내가 인도한 첫 소그룹의 멤버들이었다. 곧 그들은 자신들의 그룹을 인도하게 되었다. 그들의 그룹이 배가하자, 그들은 다른 소그룹 리더들을 코치하기 시작했다. 지금은 둘 다 우리 교회 목사들이다. 스티브는 제자훈련과 교인들 간의 화합을 담당하는 목사이고, 로드는 교인 관리와 소그룹을 담당하는 목사다. 그들은 리더들을 인도하면서, 계속해서 소그룹 리더로서 배운 습관들을 활용하고 있다.

리더가 사용하는 가장 훌륭한 도구는 바로 본보기다. 당신의 소그룹 리더들이 8가지 습관대로 살기를 원한다면, 소그룹 리더들의 코치와 감독들 또한 8가지 습관들을 실천하며 살아야 한다. 8가지 습관대로 사는 상위 리더들의 경우 그렇지 않은 상위 리더들보다, 그 밑에서 배우는 리더들이 8가지 습관들을 실천할 확률이 훨씬 더 높은 것이 틀림없는 사실이다.

당신의 그룹을 여러 번 배가시키는 기쁨을 경험해 보았다면, 이제 당신의 그룹 대신, 당신의 그룹과 더불어 배가된 그룹들의 리더들을 인도하고 있을 것이다. 당신이 한 그룹을 인도하도록 가르친 리더들이 지금은 그들 자신의 그룹을 인도하고 있더라도 멘토링을 그만두어서는 안 된다. 그룹의 리더들도 멤버들과 똑같이 지속적인 격려와 섬김이 필요하기 때문이다.

성공하는 상위 리더는 8가지 습관을 실천함으로 하위 리더들에게 본을 보인다.

8가지 습관은 모든 리더십 단계에
활용 가능하다

교회마다 리더십의 조직이 다르다. 많은 교회들이 단계별로 리더 5~10명씩을 관리하는 상위 리더들을 두고 있다. 예를 들면, 우리 교회에서는 5~6명의 그룹 리더들에게 코치 1명을 붙이려 한다. 코 치가 없으면 리더들이 그룹을 배가시키지 못하고 자주 낙심하거나 지치는 것을 발견했기 때문이다. 우리는 각 코치들에게 6명 이상의 그룹 리더들을 맡기지 않으려 한다. 또한 코치 6명당 1명의 감독을 두고, 감독 6명당 1명의 목사를 둔다. 일부 교회들은 이런 사람들을 감독관과 구역 리더, 지구 리더, 또는 목사들과 지역 목사들로 부르 기도 한다.

■ 소그룹 사역(샘플)

리더십의 단계	리더의 호칭	관리하는 범위
1	소그룹 리더	10명의 그룹 멤버들
2	코치	6명까지의 소그룹 리더들
3	감독	6명까지의 코치들
4	소그룹 목사	6명까지의 감독들

8가지 습관의 훌륭한 점은 리더십의 모든 단계에 적용할 수 있다 는 데 있다. 우리는 예비 리더들이 그 습관들을 실천하게 하려고 애

쓴다. 우리의 리더들이 그 습관들을 실천하기를 기대한다. 또 우리의 코치들이 그들의 리더들과 함께 그 습관들을 실천하기를 요구한다. 일단 예비 리더로서 그 습관들을 배우면, 리더십의 단계들을 올라가면서도 계속 그 습관들을 활용할 수 있다. 8가지 습관은 한 단계에서 다른 단계로 쉽게 옮겨진다.

상위 리더들에게 8가지 습관 적용하기

|❶ 꿈 |

유능한 코치는 그룹과 그룹 멤버들의 건강, 그리고 그룹 리더들의 배가에 대한 꿈을 꾸고 목표를 세운다. 꿈을 꾸는 습관은 감독과 목사에 이르기까지 계속 이어져야 한다.

현재 우리 소그룹 목사인 로드는 약 100개의 그룹을 관리하고 있다. 하지만 그는 앞으로 5년 안에 이 그룹을 200개로 성장시키는 꿈을 갖고 있다. 우리 학생 사역 감독인 매트는 그의 그룹을 20개에서 40개로 배가시키는 꿈을 갖고 있다. 여성 그룹 코치인 조이스는 12개의 그룹을 25개로 성장시키는 꿈을 갖고 있다.

|❷ 기도 |

성공하는 그룹 리더들이 무릎으로 자신의 그룹을 성장시키는 것처럼, 그룹을 성장시키는 코치들도 마찬가지다. 그들은 매일 자신이 담당하는 그룹들과 그룹 리더들의 영적 건강을 위해 기도한다. 그들의 리더들이 모집하고 있는 새로운 예비 리더들을 위해 기도한다. 그 그룹들의 배가를 위해 기도한다. 그들의 코칭 훈련생들을 위해 기도한다.

이와 같이 성공하는 감독들은 그들의 그룹 코치들을 위해 기도한다. 그들의 권위 아래 있는 사람들의 영적 건강을 위해 기도한다. 리더십 훈련 중인 예비 리더들을 위해 기도한다. 리더들의 멘토링 능력을 위해 기도한다. 코치나 미래의 감독들로서 그들이 멘토링하고 있는 사람들을 위해 기도한다. 목사들도 그들의 감독들을 위해 똑같이 한다.

|❸ 초청 |

성공하는 소그룹 코치들은 단지 현재의 리더들에게만 초점을 두지 않는다. 그들은 아직 리더나 코치가 되지 않은 자들까지 생각한다. 유능한 코치들은 새로운 리더들이 훈련을 받도록 초청함으로써 모범을 보여야 한다. 그룹들을 방문할 때 그들은 새로운 리더감들이 있는지 살핀다. 그들의 권위 아래 있는 리더들이 잠재적인 리더들을 발견하고 미래의 소그룹 리더로 훈련시키는 것을 돕는다. 또 그들 밑에 있는 리더들이 예비 리더들을 잘 키워 내 8가지 습관들을 삶에 적용하는 유능한 리더들로 만들도록 돕는다.

마찬가지로 감독들은 잠재적인 코치들을 찾는다. 그들은 코치들이 멘토링할 사람들을 찾도록 도와주고, 또 그들을 멘토링할 수 있게 돕는다.

| ❹ 연락 |

성공하는 코치들은 반드시 그들의 소그룹 리더들과 자주, 꾸준히, 그리고 효과적으로 접촉을 한다. 유능한 감독들은 코치들과 연락을 하고, 유능한 목사들은 감독들과 연락을 한다. 그들은 힘 있는 관계를 형성하는 데 반드시 필요한 시간을 투자한다.

멤버들에게 연락을 할 때 소속감과 출석률이 향상되는 것처럼, 그룹의 리더들에게도 연락을 하면 코칭 수업에 참석하는 사람이 늘어난다. 그룹 멤버들에게 연락을 할 때 그들이 전도와 성장에 집중하는 것처럼, 그룹의 리더들도 마찬가지다. 그룹 멤버들이 연락을 받음으로써 사랑받고 있고 자신이 중요한 사람이라고 느끼는 것처럼, 그룹의 리더들도 그렇다.

성공하는 소그룹 조직의 열쇠는 그 조직 안에 있는 사람들을 계속해서 돌보는 것이다. 그들은 돌봄을 받고 있다고 느끼지 못하면 흥미를 잃고 만다. 이것은 멤버들뿐만 아니라 그룹의 리더들, 코치들, 감독들도 마찬가지다.

리더들과 연락하는 방법은 아무래도 상관없다. 중요한 것은 그들이 연락을 받는 것이다. 우리 코치들은 대부분 전화로 연락하는 것을 좋아한다. 그래서 매주 모든 리더에게 전화를 건다. 어떤 이들은 특히 '교회에서 수다 떠는 것'을 좋아한다. 주로 주일 오전 예배 사이 15분 정도 만나서 대화를 나눈다.

| ❺ 준비 |

유능한 코치들은 리더들과의 만남을 준비한다. 감독들은 코치들과의 만남을 준비하고, 목사들은 감독들과의 만남을 준비한다. 리더들은 단체로, 또한 일대일로 코치, 감독, 목사와 이런 만남을 가져야 한다. 우리 감독 중 한 명은 코치들과 정기적으로 아침식사를 함께하는 것을 좋아한다. 다른 사람은 리더들과 제과점이나 커피숍에서 만남을 갖는다. 또 어떤 사람은 일대일 만남을 좋아한다. 당신의 필요에 가장 잘 맞는 방법을 택하되, 적어도 몇 가지 방법들을 사용해 보려고 시도하라.

이런 모임들을 위해 코치는 몇 가지 준비를 할 것이다.

• 코치가 한 그룹을 방문한 후, 그룹의 리더에게 그 그룹 모임에 관한 피드백과 조언을 해 준다. 모임의 각 요소들에 대해 이야기를 나누어야 한다. 부정적인 것보다 긍정적인 피드백을 더 많이 주려고 항상 노력하라.

• 코치는 리더(들)에게 8가지 습관들을 어떻게 행하고 있는지 물어본다. 아마 각 리더들의 주간 목표, 이상적인 주간 계획표, 실제 주간 계획표를 요구할 것이다.

• 코치는 각 리더에게 개인 성장 계획이 어떻게 진행되고 있는지 물어본다.

• 코치는 모든 리더에게 그룹 모임 밖에서 8가지 습관들을 실천하거나 실제 그룹 모임의 요소들을 향상시키기 위한 특별 훈련을 시킨다.

• 코치는 항상 각 리더들에게 앞으로 있을 교회와 그룹의 행사들에 대해 알려 준다.

• 코치는 각 리더들과 예비 리더들에 대해 의논한다.

• 코치는 각 리더들의 그룹이 배가할 시기에 대해 함께 의논한다.

• 코치는 공간 문제, 아이들 보육 문제, 일정 조정 문제 같은 실제적인 일들에 대해 조언을 해 준다.

• 코치는 각 리더들과 함께 기도한다.

성공하는 감독들과 목사들 역시 그들 밑에 있는 리더들과 모임을 가질 때 이와 같은 요소들을 적용할 수 있다. 리더들은 자기 아래 있는 사람들과의 나눔을 준비하는 시간을 가져야 한다. 그들의 시간은 매우 귀중하고, 당신의 시간도 귀중하다. 준비하지 않음으로써 시간을 낭비하는 일이 없어야 한다. 이런 시간들이 최대한 용기를 북돋워 주는 귀중한 시간이 되도록 해야 한다.

|❻ 멘토링 |

멘토링은 두 가지 중요한 유익이 있다. 첫째, 그것은 그룹이 배가하게 해 준다. 코치는 코칭 사역을 배가하기 위해 미래의 코치들을 멘토링해야 한다. 감독들은 미래의 감독들을 멘토링해야 하며, 목사들은 미래의 목사들을 멘토링해야 한다. 성공하는 리더들은 항상 후계자들을 키움으로써 스스로 배가시킨다.

둘째, 멘토링은 교회가 더 큰 수확을 거두도록 준비시킨다. 교회의 멘토링 과정이 확실하게 자리잡고 있으면, 하나님이 성장 붐을 일으키셔도 아무 어려움이 없을 것이다. 하나님이 주시는 성장의 기회를 붙잡아 잘해 나갈 것이다.

큰 교회의 담임목사인 내 친구는 여러 개의 소그룹을 만들었다. 몇 년 전에 그 그룹들은 폭발적으로 성장하기 시작했다. 사람들이 구원받고 그룹마다 사람들이 가득 차는 놀라운 일들이 일어났다. 매주 새로운 그룹들이 탄생했다. 그러나 멘토링 과정이 체계적으로 잘되어 있지 않아서 사람들이 준비도 안 된 상태에서 리더가 되는 일이 발생했다. 준비되지 않은 사람들이 리더가 되니 바퀴가 빠진 것 같았다. 리더들은 점점 지쳐 갔다. 사람들은 상처를 받았다. 다툼이 일어났다. 그러고는 다시 사람들을 모아 힘을 얻기까지 거의 10년이 걸렸다.

|❼ 성장 |

성장하는 코치들은 성장하는 리더들을 인도할 것이다. 성장하는 감독들은 성장하는 코치들을 인도하고, 성장하는 목사들은 성장하는 감독들을 인도할 것이다. 개인적인 성장은 상위 리더들에게 매우 중요하다. 그들은 항상 배우고, 성장하고, 발전해야 하기 때문이다. 그들 아래 있는 리더들의 계획보다 뛰어나진 않더라도 그에 버금가는 성장 계획을 갖고 있어야만 한다.

모든 코치, 감독, 목사들은 도전적인 성장 계획을 따르고 그것을 하위 리더들과 함께 나눔으로써 그들에게 본을 보여야 한다. 성장하는 환경과 리더십의 분위기를 조성해야 한다. 유용한 자료, 책, 테이프들을 그들 아래 있는 리더들에게 제공해 주어야 한다.

나는 내 밑에 있는 리더들이 다음 단계들을 따라 성장 계획을 받아들이게 했다. 그것을 당신의 필요에 맞게 채택하거나 수정할 수 있을 것이다.

• 내가 읽은 책에 나오는 도전적인 정보와 내가 듣고 있는 테이프에 나오는 인용문들을 함께 나눔으로써 그들의 욕구를 자극한다.

• 지난 몇 주 동안 그들이 읽거나 들은 것들 중에 특히 도전이 되었던 내용이 무엇인지 물어본다.

• 그룹 모임 안에서 개인적인 성장 계획의 '내용, 이유, 방법'을 가르친다.

• 단기간의 간단한 성장 계획을 세우게 한다.

• 그들의 진행 상황을 주기적으로 점검한다.

| ❽ 친교 |

성공하는 상위 리더들은 친교의 힘을 활용하여 그들이 관리하는 사람들을 세워 준다. 리더들은 자주는 아니더라도 상위 리더와의 교제 시간을 반드시 필요로 한다. 특히 자신들이 사역자나 리더가 되지 않아도 되는 시간, 섬김을 받고 인도를 받는 시간이 필요하다. 긴장을 풀고 편히 쉴 수 있는 시간이 필요하다. 성공하는 상위 리더들은 자기 아래 있는 사람들이 서로 친교를 즐길 수 있는 시간과 기회를 만들 것이다.

7장에 있는 목록을 활용하여, 당신이 이끄는 사람들을 위한 친교 활동 계획을 세워 보라.

| 8가지 습관 조합하기 |

소그룹 리더들의 상위 리더들은 그들의 소그룹 리더들과 비슷하다. 좋은 의도를 갖고 있지만 매우 바쁘다. 성공하는 상위 리더들은 도구들을 사용하거나 자신만의 도구를 계발해서 8가지 습관들을 자신의 스케줄에 포함시킨다. 주간 목표 작성지, 이상적인 주간 계획표, 실제 주간 계획표를 지혜롭게 정기적으로 활용함으로써 하위 리더들에게 본을 보인다. 그들은 하위 리더들에게 기대하는 만큼,

또는 그 이상으로 해야 한다. 개인적인 훈련과 능력의 모범이 되어야 한다. 그들에게 가르침을 받는 사람들만큼, 또는 그보다 더욱 탁월하게 8가지 습관들을 실천해야만 한다.

리더들은 권위를 가진 자들이 자신의 목표 작성지나 실제 주간 계획표들을 꺼내 보여 줄 때 동기부여가 된다는 것을 알게 된다. 이 계획표들을 직접 작성하고, 상위 리더로서 당신의 역할에 맞게 그 습관들을 적용하는 시간을 가지라. 당신의 진행 상황을 위아래의 리더들과 함께 나누라.

■ 주간 목표 작성지

	매일	매주
꿈		
기도		
초청		
연락		
멘토링		
준비		
성장		
친교		
총계		

■ 이상적인 주간 계획표

	월	화	수	목	금	토	일	총계
꿈								
기도								
초청								
연락								
멘토링								
준비								
성장								
친교								

■ 실제 주간 계획표

	월	화	수	목	금	토	일	총계
꿈								
기도								
초청								
연락								
멘토링								
준비								
성장								
친교								

11

Becoming an 'Eight Habits' Church
'8가지 습관'을 가진 교회가 되라

몇 년 동안 우리 교회는 초점의 문제를 놓고 씨름했다. 교회가 점점 '소그룹들'의 교회가 아니라 '소그룹들을 가진' 교회가 되어 갔다. 대부분의 그룹들은 예비 리더들과 코치들이 부족했다. 그들은 성장하지 않았고, 배가하는 경우도 거의 없었다.

우리는 소그룹 리더들의 성장과 소그룹 구조의 개선에 적극적으로 중점을 두어야 한다는 것을 깨달았다. 몇 년에 걸쳐 우리는 제자리로 돌아갔고 더 높은 수준에서 사역을 하게 되었다. 현재의 그룹들은 대부분 건강하고 성장하며 배가하고 있다. 지금 우리에게는 100개 이상의 그룹들이 있고, 하나님이 뛰어난 리더들을 일으키시는 것을 보고 있다. 우리 교회는 8가지 습관을 가진 능력 있는 교회가 되어 가고 있다.

교회의 리더들은 이 변화가 교회에 미치게 될 영향을 잘 생각해 보아야 한다. 그것이 얼마나 많은 사람들에게 영향을 미칠 것인가?

얼마나 깊이 영향을 미칠 것인가? 8가지 습관을 가진 교회가 된다면, 현재 시스템을 약간 조정하게 될까 아니면 완전히 분해하여 정비하게 될 것인가?

성공하는 교회는 8가지 습관에 초점을 두고 실천하여
교회 전체에 큰 영향력을 미친다.

'8가지 습관'을 지닌 교회가 되기 위한 제안

|❶ 변화를 위해 준비하라 |

우리가 원하는 곳에 도달하려면, 현재의 주일 아침 어른성경집회 체계를 해체해야 할 필요가 있다는 것을 깨달았다. 많은 이들에게 인기가 있는 모임이었지만, 그 체계는 성장을 멈추었고 리더들을 생산하지 못하고 있었다. 괜히 주일 아침에 필요한 주차장과 강의실들만 차지하고 있었다. 그것은 소그룹 모임에 방해가 되었다. 우리는 어른성경집회에서 소그룹으로 사역을 전환할 필요가 있었다.

실제로 어떤 것을 바꾸기 전에, 나는 일곱 달 동안 일주일에 하룻밤은 교회 식구들과 만남을 가졌다. 그것은 담임목사로서 나의 임무였다. 한번에 열 쌍의 부부를 우리 집에 초청했고, 그들과 함께 우리 교회의 비전을 나누었다. 먼저 배가하는 교회가 되어 최대한 많은 사람들에게 최대한 깊이 다가간다는 우리 교회 최초의 비전을 나누었다. 우리 교회를 처음 시작하던 때의 이야기를 들려주었다. 하나님의 축복의 역사를 나누고, 우리의 강점과 미래에 대해 이야기했다. 그러고 나서 어른성경집회에 변화를 주어야 할 '이유'와 '내용'을 설명했다. 나는 불신자들을 전도하는 것과 소그룹을 배가시키는 것을 강조했다. 질문에 답해 주고 사람들의 관심사를 귀 기울여 들었다. 개인적인 만남을 통해 누가 반대를 하는지 알게 되고, 그들의 생각을 더 잘 이해하게 되었다.

우리 교회의 가족들과 서로 얼굴을 마주보고 이야기를 나누기 위해선 많은 시간과 노력이 필요했다. 그러나 이를 통해 최대한 힘들지 않게 변화를 줄 수 있었다. 나는 이 일곱 달의 기간이 끝날 때까지 소그룹 리더십과 코칭에 다시 뛰어들지 않았다. 내가 그렇게 했을 때 대부분의 교인들은 변화를 이해하고 지지해 주었다.

우리는 단순한 경험의 법칙을 따른다. 즉 '변화가 클수록 더 긴 준비 기간과 더 많은 설득이 필요하다'는 것이다. 좋은 의도를 가진 많은 목사들이 변화를 잘못 다룸으로써 사역을 망쳤다. 사람들은 변화를 마음속에 그릴 수 있을 만큼 많이 배우거나 변화를 받아들일 만큼 고통스럽지 않으면, 변화와 맞서 싸울 것이다.

우리는 그들을 가르쳐야 한다. 그들을 인도해야 한다. 변화를 통해 그들을 사랑해야 한다. 그들에게 그 과정을 통과할 시간을 주어야 한다.

교회에서 영향력 있는 사람들을 이미 알고 있고 그들에게 영향을 끼치기 위해 노력할 때, 변화를 다루는 일은 훨씬 더 효과가 있다. 그들은 많은 이들에게 영향을 미칠 것이다. 당신은 또한 새로운 비전을 소유한 새로운 유력자들을 일으켜야 한다. 그들이 더 많은 이들에게 영향을 미칠 것이기 때문이다.

| ❷ 담임목사가 책임지고 이끌어 가야 한다 |

대부분의 교회에서 가장 큰 영향력을 가진 사람은 담임목사다.

우리가 가야 할 곳에 도달하기 위해서는 내 인생의 몇 년간을 바쳐 우리 교회에서 소그룹 옹호론자가 되어야만 했다. 나에게 이것은 몇 가지 형태로 나타났다.

- 나는 하나의 소그룹을 인도했다. 소그룹 리더로서 나는 다른 모든 리더들을 위해 성공하는 소그룹 리더의 8가지 습관을 본보기로 보여 줄 수 있었다. 나는 그룹 생활의 중요성과 요소들에 대한 생생한 예화들을 갖게 되었다.

- 나는 소그룹 리더들을 코치했다. 코치로서 성공하는 코치의 8가지 습관의 본을 보여 줄 수 있었다. 그리고 리더들이 직면한 싸움들을 놓치지 않을 수 있었다.

- 한 지역 그룹들의 리더십을 맡았다. 지역 리더로서 8가지 습관들의 본을 보였고, 유능한 코치들을 키우려고 노력했다.

- 소그룹 사역에 관한 책을 읽고, 소그룹 세미나에 참석하고, 부목사와 만나는 시간을 나의 스케줄에서 따로 떼어 놓았다. 우리는 우리 교회에 맞는 철학과 구조를 만들었다.

- 강단에 서서 예화와 적용으로 소그룹 모임을 장려했다.

| ❸ 이미 있는 것을 기반으로 하라 |

모든 교회는 선재하는 가치와 구조들이 있다. 이것들을 내던지거나 하찮게 보지 말라. 그래 봐야 사람들의 감정만 상하게 하고 변화를 더 거부하게 만들 뿐이다. 당신이 1년 전에 이 프로그램들을 옹

호해 놓고 이제 와 새로운 프로그램을 옹호하며 그것들을 업신여긴 다면 당신의 신용만 떨어지는 것이다. 당신의 교회가 복음주의의 역사를 갖고 있다면, 그것을 기반으로 하라. 제자도의 관습이 있으면 그것을 기반으로 하라.

우리는 어른성경집회의 구조를 갖고 있었는데, 그것에 변화가 필요했다. 기존 리더들을 그 비전에 일치시켰을 때는 변화가 잘 이루어졌다. 그러나 이 일을 잘하지 못했을 땐 변화에 대한 저항에 부딪혔다. 몇몇 사람들이 속상해 하며 결국 교회를 떠났다. 사람들이 어른성경집회로부터 받은 가치와 유익들을 기반으로 했더라면 일을 더 잘할 수 있었을 텐데 말이다.

| ❹ 지금 있는 자리에서 시작하고, 8가지 습관들을 활용해 유능한 리더와 코치 등을 키워라 |

우리는 8가지 습관들이 우리 교회 리더들의 DNA 안에 포함되기를 원했다. 그래서 기존 리더들을 다시 훈련시켰다. 대부분은 새로운 비전을 품게 되었으나 일부는 그렇지 못했다.

당장 변화에 편승하지 않는 사람들과 싸우지 말라. 단지 그들을 사랑하고, 그 변화와 함께 일어나는 일을 매우 흥미롭게 만들면 그들도 동참하고 싶어질 것이다.

우리는 또한 모든 새로운 리더들과 코치들이 8가지 습관들을 따라 살게 하려고 노력했다. 8가지 습관대로 사는 사람들은 성장하기 시작했고 그들의 그룹을 배가시켰다. 우리는 이것을 인정해 주고 상을 주었다. 그러자 변화를 비교적 늦게 받아들이는 사람들이 나타나기 시작했다.

| ❺ 비전을 제시하라 |

최근에 교회와 목회자들을 조사한 결과 놀라운 사실이 드러났다. 조사에 응한 목회자들의 90%는 교회가 다른 사람들을 위해 존재하며 세상을 복음화하기 위해 존재한다고 말했다. 반면에 교인들의 90%는 교회가 그들의 필요를 채워 주기 위해 존재한다고 말했다.

사람들에게 계속해서 세계 복음화와 제자화에 대한 비전을 심어 주어야 한다. 우리는 우리 지역 안에 있는 85만 명의 불신자들에 대해 자주 이야기한다. 우리 교회 건물에서 드라이빙 디스턴스(driving distance) 안에 사는 20만 명에 대해 이야기한다.

사람들 앞에 계속 비전을 두기 위해 사용할 수 있는 모든 수단들을 사용하라. 교인들은 계속 강단에서부터 그것을 듣고, 소식지에서 그것을 보고, 간증에서 그것을 말하고, 기도에서 그것을 들어야만 한다.

느헤미야의 비전 제시 원칙은 30일에 한 번씩 사람들에게 상기시키지 않으면 마음이 산란해지고 초점을 잃게 된다는 것이다. 3~4주에 한 번씩 사람들에게 그것을 상기시키기 위한 계획을 세워라.

| ❻ 인정해 주고, 상을 주고, 요구하라 |

최대한 많이 리더들을 인정해 주고, 상을 주고, 요구함으로써 그들이 8가지 습관들을 기르도록 도우라. 지구, 지역 모임에서 8가지 습관을 가진 리더들을 인정해 주라. 설교 예화에서 그들을 인정해 주라. 소식지 기사에서 그들을 인정해 주라. 그들로 앞에 나가 기도하게 하라. 나는 어느 그룹의 리더가 8가지 습관들을 실천하려고 노력하고 있다는 것을 알기 전에는 그 그룹을 언급하지 않으려 했다.

8가지 습관을 가진 리더들에게 상을 주어라

- 지역이나 지구 모임에서 그들에게 증서와 책을 수여한다.
- 그들과 함께 더 많은 시간을 보낸다.
- 그들에게 점심을 사 준다.
- 사람들 앞에서 그들을 칭찬해 준다.
- 그들에게 감사의 카드를 보낸다.
- 8가지 습관을 가진 소그룹 리더들만 코치의 지위로 진급시킨다.

새로운 리더들에게 8가지 습관들을 갖도록 요구하라. 매년 서약서에 사인을 하게 하라. 코치들, 감독들, 임원들에게 8가지 습관을 가진 사람들이 되도록 요구하라.

| ❼ 장려하라 |

그룹 생활을 장려하기 위해 사용할 수 있는 각종 수단들을 사용하라. 우리는 1년에 세 시즌을 중심으로 소그룹 사역을 한다. 9월부터 12월까지 가을 시즌, 1월부터 4월까지 겨울 시즌, 5월부터 8월까지 여름 시즌이다. 각 시즌이 시작될 때 우리는 소그룹들을 장려하기 위해 몇 가지 일을 하곤 한다. 그중에는 이런 것들이 포함된다.

• 소그룹 리더들의 집회를 연다. 우리는 리더들을 먹이고, 섬기고, 도전을 주고, 인정해 주고, 상을 주며, 사역의 새 시즌을 맞이하여 그들을 파송한다. 지난 가을에는 축구를 주제로 한 집회를 가졌는데 마치 궐기대회 같은 느낌이었다.

• 소그룹 주일을 갖는다. 우리는 특히 가을과 겨울에 이것을 활용하여 그룹들을 장려하고, 비전을 다시 제시하고, 새로운 리더들을 임명하며, 새로운 사람들을 그룹에 들어오게 한다. 그 주일에는 다음과 같은 요소들이 포함된다.

　　1) 그룹 생활의 가치에 대한 설교

　　2) 그룹의 가치에 관한 특별 드라마

　　3) 그룹 멤버들과 리더들의 간증

　　4) 새로운 리더들을 위한 위임 기도

　　5) 배가하는 그룹들과 새로운 리더들을 임명함

　　6) 리더들은 '그룹 리더 티셔츠'를 맞추어 입음

　　7) 로비에 테이블을 두어 사람들이 그룹에 등록할 수 있게 함

8) 그 시즌의 그룹 헌금에 대한 새로운 안내 책자

• 신문이나 소식지 안에 소그룹에 대한 소식을 정기적으로 실을 수 있는 공간을 마련한다. 새로운 그룹들을 소개하고, 그룹이 필요를 채워 준 이야기나 한 사람의 삶을 변화시킨 간증들을 싣는다.

• 소그룹의 중요성을 모든 새로운 멤버들과 함께 나눈다. 우리는 소그룹 담당 목사가 새신자반에서 소그룹 활동의 가치에 대해 가르치게 한다. 그리고 새신자들에게 의무적으로 그룹에 참여하도록 요구한다.

• 교회 로비의 한쪽 벽면에 각 그룹을 소개할 수 있는 교제란을 만들어 둔다.

• 그 벽 근처나 앞에 연결 센터를 마련하고, 작은 테이블과 함께 질문에 답해 주고 사람들이 소그룹에 등록할 수 있게 도와주는 사람을 둔다.

• 그룹의 목표들을 적은 현수막들을 교회 잘 보이는 곳에 전시해 둔다.

• 리더들에게 8가지 습관들이 적힌 코팅된 카드를 나눠 준다.

• 리더들이 8가지 습관을 갖게 된 연도를 표기한 티셔츠와 모자를 그들에게 나눠 준다.

• 매주 게시판에 8가지 습관을 가진 리더와 그의 그룹을 소개하고 강조한다.

|❽ 본을 보여라 |

본보기보다 더 큰 소리로 말하는 것은 없다. 다른 사람들의 행동을 변화시키려면 먼저 우리가 그들에게 기대하는 행동을 보여 주어야 한다. 권위와 위신은 본보기로부터 나온다. 당신이 자발적으로 8가지 습관들을 실천할 때까지는 다른 누구에게도 그것을 기대할 수 없다.

나는 담임목사로서 두 개의 그룹을 인도하고, 12명의 리더들을 코치하고, 25개의 그룹이 모인 지역을 인도하는 일을 계속 할 수가 없었다. 그래서 이 역할들 중 일부를 맡아 새로운 수준으로 끌어올려 줄 사람들을 훈련시키고 멘토링했다.

아마도 나는 언제나 적어도 하나의 그룹은 계속 인도할 것이다. 나는 최전선에 있고 싶고, 참호에서 갓 얻은 통찰로 리더들에게 이야기할 수 있으면 좋겠다. 그룹 생활이 사람들의 삶을 어떻게 변화시키는지 보고 싶다. 한 그룹을 성장시키고, 새로운 사람들을 그룹의 일원으로 만들고, 새로운 리더들을 양육하고 싶다. 그러려면 항상 본을 보여야 한다. 한 그룹의 리더로서 나는 8가지 습관들을 실천해야만 한다. 그러나 그것들이 부담이 되지는 않는다. 그것들이 효과가 있다는 것을 알고 있고, 내 삶에 대한 하나님의 소명을 이루려면 유능해져야 하기 때문이다.

| ❾ 기도하라 |

기도를 마지막에 언급하는 이유는 그것이 가장 중요하지 않아서가 아니라 당신의 마음속에 깊이 새기기 위해서다. 기도의 중요성은 절대로 과소평가할 수 없다. 영원한 의미를 지닌 일들 중에 기도와 상관없이 일어나는 일은 없다. 모든 좋은 것들은 기도 속에서 태어나 자란다. 기도가 우리가 해야 할 유일한 일은 아니지만, 우리의 다른 모든 사역들을 능력 있게 만들어 준다. 8가지 습관을 가진 교회가 되도록 기도하라. 그 과정의 각 단계마다 기도하라.

기도는 하나님이 모든 상황에 개입하시게 한다. 당신의 변화 과정을 기도로 물들이라. 기도의 결과로 하나님은 8가지 습관을 지닌 교회가 되는 것과 관련하여 당신이 어떻게 하기를 원하시는지 보여주실 것이다. 하나님은 장애물을 넘어서게 하고, 사람들의 마음을 변화시키시며, 사람들이 비전을 보도록 도와주실 것이다. 모든 것을 변화시키실 것이다.

8가지 습관을 지닌 교회가 되기 위한
계획표

8가지 습관을 지닌 교회가 되기 위한 9가지 제안들 중에 당신이 적용해야 하는 것은 무엇인가?

어느 것부터 시작해야겠는가?

최대한 빨리 취해야 할 구체적인 조치는 무엇인가?

■ 주간 목표 작성지

꿈	매일	매주
기도		
초청		
연락		
멘토링		
준비		
성장		
친교		

■ 이상적인 주간 계획표

종계	일	토	금	목	수	화	월	
								꿈
								기도
								초청
								연락
								준비
								멘토링
								친교
								성장

■ 실제 주간 계획표

목	월	화	수	목	금	토	일	총계
꿈								
기도								
초청								
연락								
준비								
멘토링								
친교								
성장								

성장 목표 견본

정신적으로 성장하기 위해 할 일
- 독서 _____
- 테이프 듣기 _____

영적 건강을 증진시키기 위해 할 일
- 성경을 매일 _____분 또는 매일 _____장 읽기
- 매일 _____분 동안 기도하기
- 매일 _____분 동안 일기 쓰기
- 일주일에 _____일, 하루에 _____분간 가정예배 인도하기
- 한 달에 _____일 금식하기

육체적인 건강을 위해 할 일
- 일주일에 _____일 _____분 동안 운동하기
- 하루에 _____시간 자기
- _____을 적게 먹고 _____을 더 많이 먹기

관계에 투자하기
- 배우자 : 하루에 _____분/ 일주일에 _____시간
- 자녀들 : 하루에 _____분/ 일주일에 _____시간
- 예비 리더 : 하루에 _____분/ 일주일에 _____시간
- 다른 사람 : 하루에 _____분/ 일주일에 _____시간

■ 개인적인 성장 계획표 견본.

요일	정신적		영적		육체적	관계적	
	책	테이프	기도	성경	운동	가정예배	배우자
월요일							
화요일							
수요일							
목요일							
금요일							
토요일							
일요일							

1

1 Joel Comiskey, *Home Group Cell Explosion*
   (Houston, TX : TOUCH®Publications, 1999), 47.

2

1 Joel Comiskey, *Home Group Cell Explosion*, 34.

3

1 Price and Springer, *Rapha's Handbook for Group Leaders*
   (Houston, TX : Rapha Publishing, 1991), 132.
2 McIntosh and Martin, *Finding Them, Keeping Them*
   (Nashville, TN : Broadman Press 1992), 75.

6

1 Joel Comiskey, *Leadership Explosion*
   (Houston, TX : TOUCH® Publications, 2001), 34.
2 Bill Hull, *Jesus Christ Disciple Maker*
   (Old Tappan New Jersey : Fleming Revell), 119.
3 Joel Comiskey, *Home Cell Group Explosion*, 46.

9

1 *Webster's New World Dictionary of the American Language*,
   (New York, World Publishing), 649.